Römertopf®

Angelika Ilies

Er ist wieder da – der gute alte Römer-
topf®. Moderner denn je, vielseitig und
praktisch wie immer. Ob Gemüse oder Kartoffeln, Fisch, Fleisch oder feine Desserts –
alles gart wunderbar sanft und fettarm und
kommt mit vollem Aroma und allen gesun-
den Vitalstoffen auf den Tisch. Lassen Sie
sich verführen!

W0041785

Inhalt

Alle Rezepte auf einen Blick

	Seite	kcal je Portion	klassisch	<500 kcal	vegetarisch	deftig	für Kids	einfach	preiswert	ausgefallen
Kräuter-Lammkeule mit Aprikosen	36	950				+		+		+
Toskanischer Schweinebraten	38	390	+	+				+	+	
Kasseler im Wirsing-Mantel	39	600				+	+		+	+
Rinderbraten in Rotweinsauce	40	540				+		+		
Hähnchen auf tunesische Art	42	650				+	+			+
Kalbsrouladen	44	510					+	+		+
Geflügelpilaw	45	660	+				+			+
Rippchen auf chinesische Art	46	520				+			+	+
Rosmarinkaninchen	47	440		+				+		+
Lammcurry mit Banane	48	580				+				+
Wildragout	50	570	+			+				
Pfirsich-Mohn-Auflauf	52	850			+		+			
Brotauflauf mit Orangen und Äpfeln	53	310		+	+		+		+	
Süßer Risottoauflauf	54	440		+	+		+			+
Germknödel	54	500	+		+		+			
Walnussäpfel mit Vanillesahne	56	270		+	+		+		+	
Kartoffel-Lebkuchen-Auflauf	57	450		+	+		+		+	
Schoko-Pfannkuchen-Lasagne	58	690					+		+	+
Kerniger Rosinenpudding mit Orangensalat	60	490		+	+					+
Zwiebackauflauf mit Beerensauce	61	390		+	+		+	+	+	

Sanft gegart im eigenen Saft

Wurde Ihnen kürzlich ein moderner Römertopf® „Swing" geschenkt? Oder versteckt sich im hintersten Winkel ihres Küchenschranks noch ein „alter Tontopf"? Kramen Sie ihn wieder hervor! Er ist nicht nur denkbar vielseitig und unkompliziert in der Handhabung, sondern in ihm lässt sich schonend kochen wie in keinem anderen Topf. Nicht nur die Aromen werden bestens bewahrt, auch all die wertvollen Inhaltsstoffe der Zutaten bleiben erhalten. Ein Plus also für Geschmack und Gesundheit gleichermaßen.

Ein Topf mit Tradition

Bereits vor mehr als 2000 Jahren verwendete man im alten Rom Tontöpfe, um darin die unterschiedlichsten Zutaten zu garen. Durch die Jahrhunderte war Ton als Kochgeschirr mal mehr und mal weniger beliebt – ganz verschwunden sind die Töpfe jedoch nie.

In vielen Kulturen wurde und wird in Tontöpfen gegart. Ob in Spanien, Frankreich oder Marokko, in China oder in Indien – noch heute kommen etliche internationale Spezialiäten, wenn sie authentisch zubereitet werden, in einem Tontopf auf den Tisch. Allerdings handelt es sich dabei um sehr unterschiedliche Töpfe, von denen einige auch auf die heiße Herdplatte oder sogar ins offene Feuer gestellt werden. Vorsicht also, wenn Sie in Kochbüchern aus anderen Ländern stöbern. Unsere modernen Römertöpfe® vertragen keine starken Temperaturschwankungen und dürfen weder auf den heißen Herd noch ins Feuer gestellt werden.

Gesunder Genuss

Schmecken müssen Ihre Gerichte, und gesund sollen Sie außerdem sein? Dann ist der Römertopf der ideale Topf für Sie.

Alle Zutaten garen im eigenen Saft im verschlossenen Topf. Der Geschmack bleibt optimal erhalten, und die feinen Aromen können nicht entweichen. Ein Austrocknen der Zutaten wird ebenso verhindert wie ein Anbrennen – der zuvor gewässerte Topf gibt die Feuchtigkeit während des Garens nach innen in den Topf ab.

Auch für die Gesundheit ist der Römertopf® das Richtige. Fitness und Vitalität werden gefördert, weil die wertvollen Inhaltsstoffe der Zutaten weder ausgeschwemmt noch an die Luft abgegeben werden, sondern im Topf bleiben. Und Ihre Bemühungen um eine schlanke Taille werden unterstützt, weil Sie beim Garen kein Fett und damit keine unnötigen Kalorien zugeben müssen.

Allrounder und Spezialisten

Römertöpfe® sind moderne Alleskönner. Ob Gemüse oder Kartoffeln, Gulasch oder große Braten, Fischfilet oder ganze Fische, Früchte oder süßer Auflauf – alles gelingt einfach und perfekt.

Damit das so ist, gibt es heute Tontöpfe in vielen verschiedenen Formen und Größen. Für den Anfang ist der Klassiker (siehe Bild S. 5 links) ebenso ideal wie der moderne „Swing" (siehe Bild S. 5 rechts) in einer mittleren Größe, in der Sie für zwei ebenso wie

für vier Personen kochen können. Es gibt zudem Spezialtöpfe für Fisch (siehe Bild S. 7 oben rechts), Aufläufe, Kartoffeln, Brot, Knoblauch, Bratäpfel (siehe Bild S. 7 oben links) und Desserts.

Wenn Sie sich einen neuen Topf kaufen möchten, sollten Sie sich besser für einen größeren als einen zu kleinen Topf entscheiden. Vor allem bei Gemüsegerichten, die viel Volumen benötigen, stößt ein kleiner Topf rasch an seine Grenzen. Umgekehrt jedoch können Sie auch relativ kleine Mengen in einem großen Topf zubereiten.

Allerdings sollten Sie beim Kauf einen anderen Aspekt nicht vergessen. Bei einem zu großen Topf haben Sie vielleicht Probleme, diesen zu wässern. Der Römertopf® sollte in das Spülbecken in Ihrer Küche passen, damit Sie ihn richtig wässern können.

Freut Familie und Gäste

Unser heutiger Römertopf® ist ein moderner Alleskönner, vielseitig und unkompliziert zugleich. Selbst Kochneulinge und größere Kids können damit glänzen, weil nichts anbrennen, spritzen oder überkochen kann.

Auch wenn Gäste kommen, ist der Römertopf® ideal. Alles schmurgelt langsam im Ofen vor sich hin, während Sie in aller Ruhe den Tisch decken oder sich Ihren Gästen widmen können.

Im Mittelpunkt eines Menüs

Eine Köstlichkeit aus dem Römertopf® soll im Mittelpunkt eines Menüs stehen? Kein Problem! Alle vorgestellten Römertopf®-Gerichte können bestens von anderen Speisen eingerahmt werden.

Wenn Sie eine der Suppen im Tontopf kochen, servieren Sie doch danach ein Reis- oder Nudelgericht. Vor einem Auflauf können Sie gut einen Blattsalat reichen, und hinterher schmeckt eine leichte kühle Creme ebensogut wie ein Eis oder ein Fruchtsalat.

Wird eines der Fisch- oder Fleischgerichte als Hauptspeise zubereitet, kann das Menü mit einer klaren oder cremigen Suppe beginnen oder mit einem frischen Salat. Und als Dessert rundet erneut eine Creme, Eis oder Obst das Mahl perfekt ab.

Etwas Süßes aus dem Tontopf als Hauptgericht? Starten Sie mit einer Suppe oder einem Salat. Bei beiden darf getrost etwas Fleisch oder Fisch enthalten sein.

Und wenn ein süßer Tontopf zum Dessert verführt, können zuvor nahezu alle Vorspeisen und Hauptgerichte auf dem Tisch stehen. Zu üppig sollten sie jedoch auf keinen Fall sein – sonst bleibt kein Appetit mehr auf die Nachspeise.

Die passenden Getränke

Hier gelten die gleichen „Regeln" wie bei allen sonstigen Gerichten: Erlaubt ist, was schmeckt und gefällt. Das kann ein kühles Bier oder ein Wein sein. Ob Weiß oder Rot ist heutzutage ebenfalls vor allem eine Frage persönlicher Vorlieben. Wer unsicher ist, wählt besser einen Weißwein zu Fisch, hellem Fleisch und überhaupt zu allen leichten Gerichten. Hingegen sind Rotweine passende Begleiter für dunkles Fleisch und alles ausgesprochen Deftige.

Bitte unbedingt beachten

Wer noch nicht mit dem Römertopf® gekocht hat, sollte die folgenden Zeilen unbedingt aufmerksam lesen, damit auch wirklich nichts schief geht. Denn ein Römertopf® ist zwar Topf und Auflaufform zugleich, und doch keines von beiden. Er verlangt also nach einer ganz speziellen Behandlung!

Wasser marsch!

Die größte Besonderheit beim Römertopf®: Er muss vor jeder Verwendung gründlich gewässert werden. Stellen Sie Topf und Deckel für mindestens 15 Minuten in reichlich kaltes Wasser. Bei langen Garzeiten sollten Sie sogar 30 Minuten lang wässern. Sie können den Topf problemlos auch längere Zeit im Wasserbad stehen lassen. Am besten stellen Sie ihn hinein, bevor Sie mit dem Vorbereiten der Zutaten beginnen. Dann vergessen Sie es nicht, und der Topf wird ganz sicher ausreichend lang gewässert.

Das Wasser gibt der Topf während des Garens im heißen Ofen nach innen ab – in Form von Wasserdampf. Das Gargut trocknet nicht aus und kann auch nicht anbrennen.

Ab in den kalten Ofen

Ist der Topf mit den vorbereiteten Zutaten gefüllt, wird er zugedeckt und in den Ofen gestellt. Wichtig: den Ofen auf keinen Fall vorheizen! Der Topf kann platzen, wenn Sie ihn in einen heißen Backofen, auf eine heiße Herdplatte oder gar auf eine Gasflamme stellen.

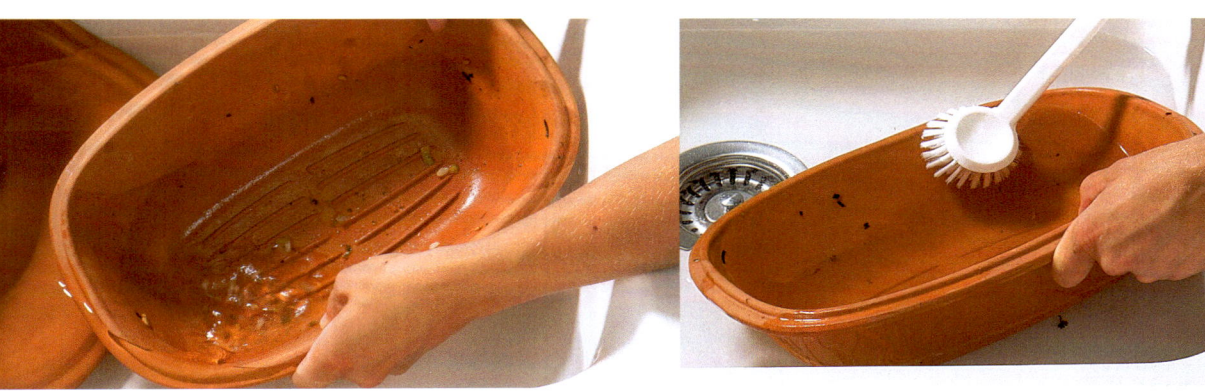

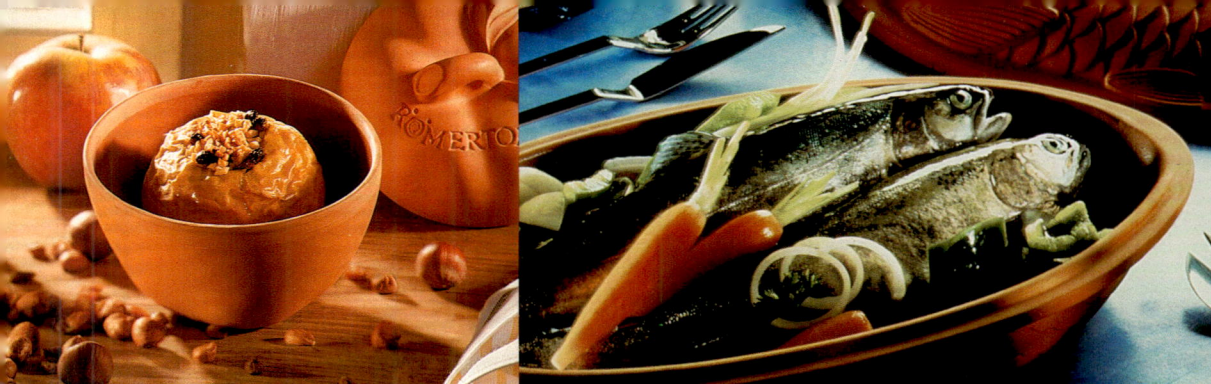

Umgekehrt darf der Römertopf® nach dem Garen niemals aus dem heißen Ofen sofort auf eine kalte oder nasskalte Unterlage gestellt werden. Auch diesen Temperaturschock würde er vielleicht nicht aushalten!

Schritt für Schritt

So gelingt das Kochvergnügen im Römertopf® garantiert:

1. Gründlich wässern
Topf und Deckel vor jeder Verwendung mindestens 15 Minuten in reichlich kaltes Wasser stellen (siehe Bild S. 6 links).

2. Den Topf füllen
Alle Zutaten in den Topf geben. Unterschiedliche Garzeiten durch Zurechtschneiden der Zutaten ausgleichen, harte Gemüsesorten mit langer Garzeit fein und zartes Gemüse mit kurzer Garzeit grob würfeln.

3. Deckel auflegen
Auch der Deckel muss gewässert sein.

4. Im Ofen
Den gefüllten und verschlossenen Römertopf® auf einen Rost in den kalten Backofen stellen.

5. Garen
Den Ofen aufheizen und das Gericht nach den Angaben im Rezept garen. Bei einigen Rezepten wird der Topf zwischendurch geöffnet, um weitere Zutaten dazuzugeben. Und manchmal wird der Deckel für die letzten Minuten abgenommen, damit die Zutaten bräunen können.

6. Öffnen
Nach Ablauf der Garzeit den Topf aus dem Ofen nehmen und auf ein doppelt gelegtes Handtuch setzen. Nicht auf eine kalte Fläche stellen, er könnte platzen.

7. Reinigen
Nach dem Gebrauch den Römertopf® mit heißem Wasser, ein paar Tropfen mildem Spülmittel und einer Bürste reinigen (siehe Bild S. 6 rechts).

8. Aufbewahren
Beide Hälften des Topfes ineinandergestellt, an einem luftigen Ort aufbewahren (siehe nebenstehendes Bild).

Die Rezepte

Mexikanischer Gemüsetopf

● klassisch

● <500 kcal

● vegetarisch

● deftig

● für Kids

● einfach

● preiswert

● ausgefallen

Zutaten

1 Lauchstange · 3 Zwiebeln ·
2 Knoblauchzehen ·
2 rote Chilischoten

800 g Tomaten · 1 Dose Kidney-
bohnen (255 g Abtropfgewicht) ·
1 Dose Maiskörner (285 g Abtropfgewicht)

2 EL Olivenöl · etwas Salz ·
etwas schwarzer Pfeffer aus der
Mühle · $^1/_2$–1 TL gemahlener
Kreuzkümmel · 125 g schwarze
Oliven

1 Avocado · 2 EL Limettensaft ·
150 g saure Sahne ·
etwas frisches Koriandergrün

Für 4 Personen
Zubereitungszeit: ca. 30 Min.
Garzeit: ca. 40 Min.
ca. 450 kcal je Portion

Tipps
Als Beilage zu diesem deftigen
Gemüsetopf sollten Sie Tortillas oder
Tacochips reichen. Auch ein dicker,
aus Maisgrieß gekochter Brei passt
sehr gut dazu.
Für einen sättigenden Eintopf können Sie am Anfang 200 g Langkornreis mit in den Topf geben. Gießen
Sie dann $^1/_2$ l Gemüse- oder Hühner-
brühe dazu. Hierfür benötigen Sie
aber einen großen Römertopf®, bei
einem kleinen oder einem mittleren
reicht das Fassungsvermögen nicht
aus.

1 Den Römertopf® ausgiebig wässern. Die
Lauchstange putzen, aufschneiden, waschen und in Ringe schneiden. Die Zwiebeln
schälen und grob würfeln. Den Knoblauch
schälen und durchpressen oder hacken. Die
Chilischoten aufschneiden, entkernen und
ohne die Stielansätze in feine Ringe schneiden. Wenn man nicht mit Haushaltshandschuhen arbeitet, danach sofort die Hände
waschen.

2 Die Tomaten über Kreuz einritzen, überbrühen, abschrecken, enthäuten und
ohne die Stielansätze grob würfeln. Die Kid-
neybohnen und den Mais abtropfen lassen.

3 Den Römertopf® aus dem Wasser nehmen, alle vorbereiteten Zutaten hineingeben. Olivenöl, Salz, Pfeffer, Kreuzkümmel
sowie die Oliven zugeben und alles vermengen. Den Topf zudecken und in den
kalten Backofen stellen. Bei 200 °C (Umluft
170 °C, Gas Stufe 3) etwa 40 Minuten garen.

4 Inzwischen die Avocado halbieren, entsteinen, schälen, grob würfeln und mit
Limettensaft beträufeln. Die saure Sahne
cremig rühren, mit Salz und Pfeffer würzen.
Das Koriandergrün waschen, trockentupfen
und grob hacken.

5 Den Topf aus dem Ofen nehmen und die
Avocadostücke unter die übrigen Zutaten
mengen. Das Gemüse abschmecken, die
saure Sahne zum Servieren darauf geben,
das Koriandergrün darüber streuen.

Zutaten

300 g fest kochende Kartoffeln ·
1 Lauchstange · 200 g Zucchini ·
1 Möhre · 1 kleine Fenchelknolle
400 g Tomaten

1 l Gemüsebrühe · 1 EL Olivenöl ·
etwas Salz · etwas schwarzer
Pfeffer aus der Mühle

¹/₂ Bund glattblättrige Petersilie ·
¹/₂ Bund Basilikum ·
50 g Pecorino oder Parmesan

Für 4 Personen
Zubereitungszeit: ca. 25 Min.
Garzeit: ca. 1 Std.
ca. 200 kcal je Portion

Italienische Gemüsesuppe

- 🟢 klassisch
- 🟢 <500 kcal
- 🟢 vegetarisch
- ⚪ deftig
- 🟢 für Kids
- 🟢 einfach
- 🟢 preiswert
- ⚪ ausgefallen

1 Den Römertopf® ausgiebig wässern. Die Kartoffeln schälen, waschen und klein würfeln. Lauch, Zucchini, Möhre und Fenchel waschen, putzen und in kleine Stücke schneiden.

2 Die Tomaten über Kreuz einritzen, kurz überbrühen, abschrecken, enthäuten und ohne die Stielansätze grob würfeln.

3 Den Römertopf® aus dem Wasser nehmen und alle vorbereiteten Zutaten darin vermengen. Die Brühe angießen und das Öl dazugeben. Alles kräftig mit Salz und Pfeffer würzen.

4 Den Deckel auf den Topf legen. Den Topf in den kalten Ofen stellen und das Gemüse bei 200 °C (Umluft 170 °C, Gas Stufe 3) etwa 1 Stunde garen.

5 Den Topf aus dem Ofen nehmen. Die Kräuter waschen, trockentupfen, hacken und unter die fertige Suppe rühren. Die Suppe mit Salz und Pfeffer abschmecken und mit frisch gehobeltem oder geriebenem Käse bestreut servieren.

Tipps

Die Gemüsesorten können Sie nach Lust, Geschmack und Marktangebot jederzeit variieren. So machen es auch die italienischen Hausfrauen. Wer mag, rührt vor dem Servieren zusätzlich 1–2 EL Pesto (aus dem Glas) hinein.

Tipps
Natürlich können Sie den Eintopf auch in einem einzigen großen Tontopf zubereiten. Mengen und Garzeit ändern sich nicht.

Wenn an den Petersilienwurzeln noch das Blattgrün vorhanden ist, sollten Sie einen Teil davon hacken und zum Eintopf geben.

Achten Sie beim Einkauf darauf, geschälte gelbe Erbsen zu wählen. Ungeschälte Erbsen haben eine deutlich längere Garzeit.

Geben Sie doch ein paar Zwiebelspalten als Garnitur auf das Gericht.

Erbsen-Petersilien-Töpfchen

Zutaten

250 g gelbe Schälerbsen

500 g Petersilienwurzeln ·
150 g roher Räucherschinken oder Schinkenspeck ·
3 rote Zwiebeln

1 TL gekörnte Brühe (Instant) ·
etwas schwarzer Pfeffer aus der Mühle · etwas Paprikapulver, edelsüß

1 großes Bund glattblättrige Petersilie

Für 4 Personen
Zubereitungszeit: ca. 30 Min.
Einweichzeit: ca. 2 Std.
Garzeit: ca. 1 $^1/_4$ Std.
ca. 400 kcal je Portion

1 Zunächst die Schälerbsen in eine Schüssel geben, mit etwa 1 l kaltem Wasser übergießen und ungefähr 2 Stunden einweichen.

2 Inzwischen 4 kleine Portions-Römertöpfe® (Bratapfelformen) gründlich wässern. Die Petersilienwurzeln waschen, schälen und klein würfeln. Den Schinken in kleine Würfel schneiden. Die Zwiebeln schälen und in Spalten schneiden.

3 Petersilienwurzeln, Schinken und Zwiebelspalten unter die eingeweichten Erbsen mischen. Die gekörnte Brühe unterrühren und al es mit Pfeffer und Paprikapulver würzen.

4 Die Tontöpfe aus dem Wasser nehmen, die Erbsenmischung mit der Flüssigkeit in die Töpfchen verteilen. Diese zudecken, in den kalten Backofen stellen und bei 200 °C (Umluft 170 °C, Gas Stufe 3) etwa 1 $^1/_4$ Stunden garen.

5 Die Petersilie waschen, trockentupfen, bis auf einige Blättchen hacken und zum Servieren unter das Erbsengemüse rühren. Mit Petersilienblättchen garniert anrichten.

klassisch ⊖

< 500 kcal ⊕

vegetarisch ⊖

deftig ⊕

für Kids ⊖

einfach ⊕

preiswert ⊕

ausgefallen ⊖

Kartoffel-Hackfleisch-Auflauf

- klassisch
- <500 kcal
- vegetarisch
- **deftig**
- **für Kids**
- einfach
- **preiswert**
- ausgefallen

Zutaten

1 altbackenes Brötchen ·
2 Schalotten
500 g Rinderhackfleisch ·
2 frische Eier · 1 TL gekörnte
Brühe · 1 ¹/₂ TL gerebelter
Thymian · etwas Salz · etwas
schwarzer Pfeffer aus der Mühle
500 g frische Champignons ·
600 g fest kochende Kartoffeln
200 g Crème fraîche · 1 Bund
gehackte glattblättrige Petersilie

Für 4 Personen
Zubereitungszeit: ca. 40 Min.
Garzeit: ca. 2 Std.
ca. 600 kcal je Portion

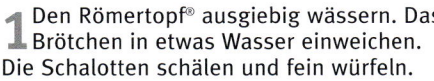

1 Den Römertopf® ausgiebig wässern. Das Brötchen in etwas Wasser einweichen. Die Schalotten schälen und fein würfeln.

2 Das Brötchen gut ausdrücken und mit Hackfleisch, Schalotten und Eiern zu einer glatten Masse verarbeiten. Mit gekörnter Brühe, Thymian, Salz und Pfeffer kräftig würzen.

3 Die Champignons putzen, feucht abreiben und in Scheiben schneiden. Die Kartoffeln schälen und mit dem Gurkenhobel in dünne Scheiben schneiden.

4 Den Römertopf® aus dem Wasser nehmen. Abwechselnd die Fleischmasse, die Champignons und die Kartoffeln in dünnen Schichten hineinfüllen. Dabei als letzte Schicht Kartoffeln verwenden. Die Crème fraîche mit der Petersilie sowie Salz und Pfeffer verrühren und über die Kartoffeln streichen.

5 Den Tontopf zudecken und in den kalten Backofen stellen. Dann den Auflauf bei 200 °C (Umluft 170 °C, Gas Stufe 3) etwa 2 Stunden garen.

Tipp
Die Hackfleischmasse können Sie immer wieder anders würzen. Probieren Sie verschiedene Kräuter, aber auch einmal Curry, Kreuzkümmel oder Tomatenmark.

Zutaten

1 kg kleine neue, fest kochende
Kartoffeln · 2 Zucchini ·
1 Bund Frühlingszwiebeln ·
2 Knoblauchzehen

10 Zweige Thymian · 2 Zweige
Rosmarin · 2 Zweige Majoran

3 EL Olivenöl · etwas Salz ·
etwas Zitronenpfeffer · etwas
schwarzer Pfeffer aus der Mühle

Für 4 Personen
Zubereitungszeit: ca. 30 Min.
Garzeit: ca. 1 1/4 Std.
ca. 280 kcal je Portion

Geschmorte Kräuterkartoffeln

1 Den Römertopf® ausgiebig wässern. Die Kartoffeln gründlich waschen und säubern, nach Möglichkeit nicht schälen. Die Zucchini waschen und putzen, längs halbieren und in Stücke schneiden. Die Frühlingszwiebeln waschen, putzen und in 4 cm lange Stücke schneiden. Den Knoblauch schälen und in Stifte schneiden.

2 Die Kräuter waschen und die Blättchen bzw. Nadeln abzupfen und etwas kleiner hacken.

3 Den Topf aus dem Wasser nehmen, alle vorbereiteten Zutaten darin vermengen und Olivenöl, Salz, Zitronenpfeffer und schwarzen Pfeffer darüber verteilen. Den Topf zudecken und in den kalten Backofen stellen. Alles bei 200 °C (Umluft 170 °C, Gas Stufe 3) etwa 1 1/4 Stunden garen.

Tipp
Sie können die Kartoffeln zusammen mit Kräuterquark oder -joghurt als feines, leichtes Sommeressen oder als Beilage zu Steaks, Lammkoteletts oder gegrilltem Fisch servieren. Etwas gehaltvoller und zugleich würziger werder sie, wenn Sie 150 g klein gewürfelten rohen oder gekochten Schnken mit den Kartoffeln und dem Gemüse in den Topf geben.

klassisch ⊖

<500 kcal ⊕

vegetarisch ⊕

deftig ⊖

für Kids ⊖

einfach ⊕

preiswert ⊕

ausgefallen ⊖

Gefüllte Auberginen in Tomatensauce

- klassisch
- **<500 kcal**
- vegetarisch
- **deftig**
- für Kids
- einfach
- preiswert
- **ausgefallen**

1 Den Römertopf® gründlich wässern. Die Auberginen waschen und der Länge nach halbieren. Das Fruchtfleisch mit einem Messer und einem Löffel bis auf 1 cm Rand herauslösen, klein würfeln und beiseite stellen. Das Innere der Auberginen mit 1 EL Öl und Zitronensaft beträufeln.

2 Die Zwiebel und die Knoblauchzehe schälen und fein hacken. In einer Pfanne das restliche Öl erhitzen. Darin Zwiebel, Knoblauch, Auberginenwürfel und Hackfleisch scharf anbraten. Alles abkühlen lassen.

3 Für die Sauce die Tomaten mit kochendem Wasser überbrühen, enthäuten und ohne Kerne und Stielansätze klein würfeln. Die Tomaten mit 4 EL Sahne verrühren, mit Salz und Pfeffer abschmecken.

4 Das Ei, die Haferflocken und die restliche Sahne unter die abgekühlte Hackfleisch-Mischung mengen, alles mit Salz, Pfeffer und Paprikapulver würzen und in die Auberginenhälften füllen.

5 Den Tontopf aus dem Wasser nehmen, die Tomatensauce einfüllen. Die Auberginen mit der Füllung nach oben auf die Tomatensauce setzen und den Topfdeckel auflegen. Den Tontopf in den kalten Backofen stellen und die Auberginen bei 200 °C (Umluft 170 °C, Gas Stufe 3) etwa 1 Stunde garen. Vor dem Servieren mit den Basilikumblättchen garnieren.

Zutaten

2 große Auberginen ·
3 EL Olivenöl ·
Saft von 1 Zitrone
1 große Zwiebel · 1 Knoblauchzehe · 350 g Lammhackfleisch
500 g Tomaten · 8 EL Sahne ·
etwas Salz · etwas schwarzer
Pfeffer aus der Mühle
1 frisches Ei · 4 EL Haferflocken ·
1 TL Paprikapulver
frische Basilikumblätter

Für 4 Personen
Zubereitungszeit: ca. 40 Min.
Garzeit: ca. 1 Std.
ca. 480 kcal je Portion

Tipp
Sie können die gegarten Auberginen auch gratinieren. Dazu bestreuen Sie sie mit geriebenem Käse, schieben den offenen Topf in den heißen Ofen und gratinieren die Auberginen 5–10 Minuten.

Variation
Statt der Auberginen kann man auch 4 Zucchini nehmen. Sie werden wie beschrieben gefüllt und zum Schluss 5–10 Minuten mit geriebenem Käse gratiniert.

Blumenkohl im Möhrenbett

klassisch

+ <500 kcal

+ vegetarisch

deftig

+ für Kids

einfach

+ preiswert

+ ausgefallen

Zutaten
1 Blumenkohl (etwa 1,4 kg) · Salz
350 g Möhren · 60 g Walnusskerne ·
1 Bund glattblättrige Petersilie
3 frische Eier · 300 g Naturjoghurt ·
3 EL Mehl · weißer Pfeffer aus der
Mühle · gemahlener Koriander
100 g geriebener Emmentaler

Für 4 Personen
Zubereitungszeit: ca. 30 Min.
Garzeit: ca. 50 Min.
ca. 420 kcal je Portion

1 Den Römertopf® ausgiebig wässern. Blumenkohl waschen und putzen, in große Röschen zerteilen. Zugedeckt in wenig Salzwasser etwa 10 Minuten bissfest vorgaren.

2 Inzwischen die Möhren schälen und raspeln. Die Walnusskerne hacken. Die Petersilie waschen, trockentupfen und hacken.

3 Die Eier trennen. Eigelbe mit Naturjoghurt, Mehl, Salz, Pfeffer, Koriander, Walnüssen und Petersilie verrühren. Die Möhren unterrühren. Das Eiweiß zu steifem Schnee schlagen und unterheben.

4 Den Römertopf® aus dem Wasser nehmen. Den Blumenkohl abtropfen lassen und in den Topf geben. Die Möhrenmasse darüber verteilen, dann den Emmentaler darüber streuen. Den Topf zudecken.

5 Den Tontopf in den kalten Backofen stellen und den Auflauf bei 200 °C (Umluft 170 °C, Gas Stufe 3) etwa 35 Minuten backen. Dann den Deckel abnehmen und alles noch 15 Minuten gratinieren.

Zwiebelgemüse mit Eiernestern

klassisch

+ <500 kcal

+ vegetarisch

deftig

für Kids

einfach

+ preiswert

ausgefallen

1 Den Römertopf® gut wässern. Schalotten, weiße, rote und braune Zwiebeln schälen und in Spalten schneiden. Frühlingszwiebeln waschen, putzen und in 3 cm lange Stücke schneiden. Äpfel schälen, vierteln, Kerngehäuse entfernen und die Viertel quer in dicke Scheiben schneiden. Kräuter waschen, Blättchen abzupfen und eventuell hacken.

2 Den Topf aus dem Wasser nehmen, alle vorbereiteten Zutaten hineingeben. Apfeldicksaft, Olivenöl mit Zitrone, Salz, Pfeffer und Paprikapulver dazugeben, alles gründlich vermengen.

3 Den Topf zudecken, in den kalten Backofen stellen und alles bei 200 °C (Umluft 170 °C, Gas Stufe 3) etwa 1 Stunde garen. Den Topf herausnehmen, Zwiebelgemüse umrühren. 4 Mulden formen. Die Eier in die Mulden geben, den Topf wieder zudecken und weitere 10 Minuten in den Ofen stellen.

Zutaten
300 g Schalotten · 4 weiße
Zwiebeln · 4 rote Zwiebeln ·
2 braune Zwiebeln ·
1 Bund Frühlingszwiebeln ·
2 Äpfel (z. B. Jonagold) ·
3 Zweige Estragon ·
3 Zweige Oregano
2 EL Apfeldicksaft · 2 EL Olivenöl
mit Zitrone (oder 2 EL Olivenöl
und 1 EL Zitronensaft) · etwas
Salz · etwas schwarzer Pfeffer
aus der Mühle · etwas Paprikapulver, edelsüß
4 frische Eier

Für 4 Personen
Zubereitungszeit: ca. 30 Min.
Garzeit: ca. 1 1/4 Std.
ca. 270 kcal je Portion

Zutaten

300 g Kichererbsen

400 g Tomaten

3 Zwiebeln · 1 grüne Paprikaschote · 4 kleine Chorizos (spa-
nische Knoblauchwürste; ersatz-
weise ca. 350 g Cabanossi o. Ä.) ·
5 Zweige Thymian · 100 g grüne
paprikagefüllte Oliven

etwas Salz · etwas schwarzer
Pfeffer aus der Mühle · etwas
scharfes Paprikapulver

Für 4 Personen
Zubereitungszeit: ca. 30 Min.
Einweichzeit: über Nacht
Garzeit: ca. 1 3/4 Std.
ca. 590 kcal je Portion

Kichererbsen spanische Art

1 Die Kichererbsen in 1 l Wasser geben und
dann mindestens 8 Stunden, am besten
über Nacht einweichen lassen.

2 Den Römertopf® ausgiebig wässern. Die
Tomaten über Kreuz einritzen, kurz über-
brühen, abschrecken, enthäuten, von den
Stielansätzen befreien und grob würfeln.

3 Die Zwiebeln schälen und in Spalten
schneiden. Die Paprikaschote halbieren,
von Kernen, Trennhäuten sowie dem Stielansatz befreien und in Streifen schneiden.
Die Chorizos in Scheiben schneiden. Den
Thymian waschen, die Blättchen von den
Stielen streifen. Die Oliven halbieren.

4 Den Topf aus dem Wasser nehmen. Die
Kichererbsen mit dem Einweichwasser
und den anderen vorbereiteten Zutaten
hineingeben, mit Salz, Pfeffer und Paprikapulver würzen und alles vermengen.

5 Den Deckel auflegen und den Topf in den
kalten Backofen stellen, alles bei 200 °C
(Umluft 170 °C, Gas Stufe 3) etwa 1 3/4 Stunden garen.

- ⊖ klassisch
- ⊖ <500 kcal
- ⊖ vegetarisch
- ⊕ deftig
- ⊖ für Kids
- ⊖ einfach
- ⊖ preiswert
- ⊕ ausgefallen

Provenzalischer Gemüsetopf

1 Den Römertopf® gründlich wässern. Die Kartoffeln schälen. Die Paprikaschote waschen, halbieren, von Stielansatz, Trennhäuten und Kernen befreien und in Streifen schneiden. Die Zwiebeln und die Knoblauchzehen schälen und fein hacken. Die Aubergine und die Zucchini waschen, putzen und in Scheiben schneiden. Die Tomaten über Kreuz einritzen, kurz überbrühen, abschrecken, enthäuten und ohne die Stielansätze in Scheiben schneiden.

2 Den Tontopf aus dem Wasser nehmen. Die Kartoffeln mit dem Gurkenhobel in feine Scheiben schneiden. Die Scheiben in den Tontopf schichten und mit Salz, Pfeffer und Kümmel bestreuen.

3 Das Gemüse – bis auf die Tomaten – mit dem Öl mischen, mit Salz, Pfeffer und 1 TL Majoran würzen und über die Kartoffeln schichten. Die Tomatenscheiben gleichmäßig darüber verteilen und mit dem restlichen Majoran bestreuen.

4 Den Topf zudecken und in den kalten Backofen stellen. Die Kartoffel-Gemüse-Mischung bei 200 °C (Umluft 170 °C, Gas Stufe 3) etwa 60 Minuten garen.

5 Den Deckel abnehmen und den Gemüsetopf mit dem Käse bestreuen. Den offenen Tontopf im heißen Ofen weitere 15 Minuten überbacken und zum Servieren die gehackten Kräuter darüber verteilen.

Tipp
Der provenzalische Gemüsetopf eignet sich auch sehr gut als Beilage zu Fleisch- und Geflügelgerichten. Bereiten Sie dann ungefähr die halbe Menge zu.

Zutaten

500 g vorwiegend fest kochende Kartoffeln · 1 grüne Paprikaschote · 2 große Zwiebeln · 2 Knoblauchzehen · 1 mittelgroße Aubergine · 250 g Zucchini · 750 g Fleischtomaten

etwas Salz · etwas schwarzer Pfeffer aus der Mühle · 1 Msp. gemahlener Kümmel

4 EL Olivenöl · 2 TL frische Majoranblättchen

100 g geriebener französischer Emmentaler · 4 EL fein gehackte Kräuter (Provence-Mischung oder Estragon, Kerbel, Petersilie)

Für 4 Personen
Zubereitungszeit: ca. 30 Min.
Garzeit: ca. 1 ¼ Std.
ca. 390 kcal je Portion

klassisch ●
< 500 kcal ●
vegetarisch ●
deftig ●
für Kids ●
einfach ●
preiswert ●
ausgefallen ●

Tomaten-Fisch-Topf

- klassisch
- < 500 kcal
- vegetarisch
- deftig
- für Kids
- einfach
- preiswert
- ausgefallen

Zutaten

1 kg küchenfertiges Fischfilet
(z. B. Kabeljau oder Rotbarsch) ·
Saft von 1 Zitrone · etwas Salz ·
3 EL milder Senf

500 g Fleischtomaten
3 Gemüsezwiebeln · 1 EL Butter ·
etwas weißer Pfeffer aus der
Mühle

2 EL Schnittlauchröllchen

Für 4 Personen
Zubereitungszeit: ca. 30 Min.
Garzeit: ca. 45 Min.
ca. 350 kcal je Portion

1 Den Römertopf® (Fischtopf) ausgiebig wässern. Die Fischfilets waschen, trockentupfen, mit Zitronensaft beträufeln und leicht salzen. Die Filets auf einer Seite mit Senf bestreichen.

2 Den Fisch quer in etwa 3 cm breite Streifen schneiden. Die Tomaten waschen und ohne Stielansätze in Scheiben schneiden, dann leicht mit Salz bestreuen. Den Topf aus dem Wasser nehmen. Die Fischstreifen und die Tomatenscheiben abwechselnd dachziegelartig in den Tontopf schichten.

3 Die Zwiebeln schälen und fein würfeln. In einer beschichteten Pfanne die Butter erhitzen und die Zwiebeln darin glasig dünsten. Die Zwiebeln über die Tomaten und den Fisch geben, alles mit Pfeffer bestreuen.

4 Den Topf zudecken und in den kalten Backofen stellen und bei 200 °C (Umluft 170 °C, Gas Stufe 3) etwa 45 Minuten garen. Den Tomaten-Fisch-Topf mit Schnittlauchröllchen bestreut servieren.

Zutaten

1 Knoblauchzehe · 40 g Ingwer ·
1 rote Chilischote · 6 EL helle
Sojasauce · 2 TL Zucker ·
3 EL Reisessig · etwas schwarzer
Pfeffer aus der Mühle

400 g Seelachs-Filet

1 Bund Frühlingszwiebeln ·
200 g frische Bohnenkeime ·
150 g Chinakohl ·
$^1/_2$ frische Ananas

$^1/_8$ l Fischfond

50 g Cashewkerne

Für 4 Personen
Zubereitungszeit: ca. 30 Min.
Garzeit: ca. 45 Min.
ca. 340 kcal je Portion

Seelachs süß-sauer

1 Den Römertopf® (Fischtopf) gründlich wässern. Knoblauch und Ingwer schälen und sehr fein hacken. Die Chilischote aufschlitzen, entkernen, waschen und ohne den Stielansatz in feine Ringe schneiden. Wenn man nicht mit Haushaltshandschuhen arbeitet, danach sofort die Hände waschen. Alles in einer Schüssel mit Sojasauce, Zucker, Reisessig und Pfeffer verquirlen.

2 Das Fischfilet kalt abspülen und mit Küchenkrepp trockentupfen. In mundgerechte Würfel schneiden und in der Marinade wenden. Zugedeckt beiseite stellen.

3 Die Frühlingszwiebeln waschen, putzen und in sehr schräge Ringe schneiden. Die Bohnenkeime in einem Sieb kalt abwaschen. Den Chinakohl waschen und in feine Streifen schneiden. Die Ananas schälen und würfeln; dabei den harten Strunk entfernen.

4 Den Topf aus dem Wasser nehmen, das vorbereitete Gemüse darin vermengen. Den Fond angießen, den Deckel auflegen und den Topf in den kalten Backofen stellen. Das Gemüse bei 200 °C (Umluft 170 °C, Gas Stufe 3) etwa 20 Minuten garen.

5 Danach den Topf aus dem Ofen heben und den Deckel abnehmen. Den Fisch mit der Marinade unter das Gemüse mengen, den Topf wieder zudecken und alles im Ofen noch etwa 25 Minuten garen.

6 Zum Servieren die Cashewkerne grob hacken und über Fisch und Gemüse streuen.

Tipp
Zu diesem Gericht sollten Sie Sojasauce bereitstellen. Als Beilage passen Duftreis oder breite Reisbandnudeln.

klassisch ➕
< 500 kcal ➕
vegetarisch ➖
deftig ➕
für Kids ➖
einfach ➖
preiswert ➖
ausgefallen ➖

Zutaten

4 Zweige Zitronenthymian oder
gewöhnlicher Thymian ·
400 g Wallerfilet · etwas Salz ·
etwas Zitronenpfeffer

400 g breite frische Bohnen ·
300 g Champignons ·
3 Fleischtomaten

$^1/_8$ l Fischfond (aus dem Glas)

1 Kästchen Kresse

Für 4 Personen
Zubereitungszeit: ca. 25 Min.
Garzeit: ca. 45 Min.
ca. 170 kcal je Portion

Wallerfilet mit Bohnengemüse

klassisch

<500 kcal

vegetarisch

deftig

für Kids

einfach

preiswert

ausgefallen

1 Den Römertopf® (Fischtopf) ausgiebig wässern. Den Thymian waschen und die Blättchen von den Stielen streifen. Das Wallerfilet kalt abwaschen und mit Küchenkrepp trockentupfen. Den Fisch in 4 Stücke schneiden und mit Salz, Pfeffer und Thymian würzen.

2 Die Bohnen waschen und putzen, quer in 4–5 cm lange Stücke schneiden. Die Champignons putzen und kurz waschen oder mit einem feuchten Tuch abreiben, dann halbieren oder in dicke Scheiben schneiden. Die Tomaten waschen, von den Stielansätzen befreien und grob würfeln.

3 Den Römertopf aus dem Wasser nehmen und das Gemüse darin mischen. Mit Salz und Pfeffer würzen und den Fischfond angießen.

4 Die Fischstücke auf das Gemüse legen, den Topf zudecken und in den kalten Backofen stellen. Alles bei 200 °C (Umluft 170 °C, Gas Stufe 3) etwa 45 Minuten garen.

5 Zum Servieren die Kresse waschen, abschneiden und über die anderen Zutaten streuen.

Tipp
Als Beilage können Sie neue Kartoffeln oder Kartoffelpüree reichen. Auch frisches Baguette passt hervorragend zu dem feinen Fisch.

Zutaten

500 g gemischtes Meeresfisch-
filet · etwas Salz · etwas weißer
Pfeffer aus der Mühle ·
$^1/_4$–$^1/_2$ TL Steinpilzpulver

250 g braune Champignons ·
200 g Schalotten ·
1 Bund Frühlingszwiebeln

$^1/_8$ l Fischfond · 1 Kräutersträußchen (z. B. Petersilie,
Thymian, Lorbeer) · 1 Stück
unbehandelte Zitronenschale

$^1/_2$ Bund glattblättrige Petersilie ·
100 g Sahne

Für 4 Personen
Zubereitungszeit: ca. 35 Min.
Garzeit: ca. 40 Min.
ca. 220 kcal je Portion

Fischragout mit Pilzen

1 Den Römertopf® (Fischtopf) ausgiebig
wässern. Das Fischfilet waschen, trockentupfen und 2–3 cm groß würfeln. Mit
Salz, Pfeffer und Steinpilzpulver würzen.

2 Die Pilze putzen und vorsichtig waschen
oder mit einem feuchten Tuch abreiben.
Die Schalotten schälen und eventuell zerteilen. Die Frühlingszwiebeln putzen, waschen
und in 4–5 cm lange Stücke schneiden.

3 Den Römertopf® aus dem Wasser nehmen. Alle vorbereiteten Zutaten darin
miteinander vermischen. Den Fond angießen, das Kräutersträußchen und die
Zitronenschale dazugeben.

4 Den Topf zudecken und in den kalten
Backofen stellen, alles bei 200 °C (Umluft
170 °C, Gas Stufe 3) etwa 40 Minuten garen.

5 Die Petersilie waschen, trockentupfen,
fein hacken und mit der Sahne unter das
Ragout rühren. Mit Salz und Pfeffer abschmecken und das Kräutersträußchen entfernen.

Tipp
Zu diesem Gericht passen
neue Kartoffeln als Beilage
sehr gut.

klassisch ⊖
<500 kcal ⊕
vegetarisch ⊖
deftig ⊖
für Kids ⊖
einfach ⊕
preiswert ⊖
ausgefallen ⊖

Gefüllte Forellen in Rosésud

○ klassisch

○ <500 kcal

○ vegetarisch

○ deftig

○ für Kids

○ einfach

○ preiswert

● ausgefallen

Zutaten

400 g Blattspinat
100 g Bacon (Frühstücksspeck in dünnen Scheiben)
1 Zwiebel · 3 EL Semmelbrösel ·
125 g Crème fraîche · etwas Salz ·
etwas weißer Pfeffer aus der
Mühle
4 Forellen (küchenfertig, à 300 g)
100 ml trockener Roséwein
½ Bund glattblättrige Petersilie ·
2 Zweige Estragon ·
3 EL eiskalte Butter

Für 4 Personen
Zubereitungszeit: ca. 50 Min.
Garzeit: ca. 40
ca. 640 kcal je Portion

Tipp
Als Beilage zu den gefüllten Forellen schmecken neue Pellkartoffeln besonders gut. Rösten Sie sie in wenig Butter in einer beschichteten Pfanne, und mischen Sie 2–3 EL gehackte Petersilie darunter.

1 Den Römertopf® (Fischtopf) ausgiebig wässern. Den Spinat gründlich waschen und verlesen, dabei welke Blätter und grobe Stiele entfernen. Den Spinat tropfnass in einen breiten Topf geben und zugedeckt bei mittlerer Hitze etwa 5 Minuten zusammenfallen lassen.

2 Den Spinat in einem Sieb gut abtropfen lassen, mit einem Kochlöffel ausdrücken und auf einem Brett sehr fein hacken.

3 Die Speckscheiben in einer breiten Pfanne bei mittlerer Hitze knusprig ausbraten. Auf Küchenkrepp legen und zusätzlich abtupfen, um Fett zu entfernen.

4 Die Zwiebel schälen, klein würfeln und in einer Schüssel mit dem Speck und dem Spinat vermengen. Semmelbrösel sowie Crème fraîche dazugeben und mit Salz und weißem Pfeffer würzen.

5 Die Forellen unter kaltem Wasser waschen und mit Küchenkrepp gut trockentupfen. Die Fische innen und außen salzen und pfeffern. Die Spinatmischung mit einem Esslöffel in die Fische füllen.

6 Den Tontopf aus dem Wasser nehmen, die Fische hineinlegen. Den Wein angießen und den Topf zudecken, in den kalten Backofen stellen und alles bei 200 °C (Umluft 170 °C, Gas Stufe 3) etwa 40 Minuten garen.

7 Inzwischen die Kräuter waschen, trockentupfen und fein hacken. Die Butter klein würfeln und für einige Minuten ins Tiefkühlfach stellen.

8 Den Tontopf aus dem Ofen nehmen. Die Forellen auf eine Platte heben. Die Kräuter unter den Roséwein rühren, die Butter mit einem Schneebesen kräftig darunter schlagen. Die Sauce abschmecken und zu den Forellen servieren.

Kreolischer Meeresfrüchtereis

● klassisch

● <500 kcal

● vegetarisch

● deftig

● für Kids

● einfach

● preiswert

● ausgefallen

Zutaten

300 g gemischte Meeresfrüchte (Tintenfisch, Muschelfleisch, Garnelen) · 300 g Meeresfisch-filet (z. B. Catfisch/Welsfilet) · 1 unbehandelte Limette

1 Zwiebel · 2 Knoblauchzehen · 40 g Ingwer · 3–4 grüne Chilischoten · 500 g Tomaten

250 g Langkornreis · ¹/₂ l Gemü-sebrühe oder Fischfond · 1 Döschen gemahlener Safran · 1 TL Currypulver · 2 TL frische Thymianblättchen · etwas Salz · etwas schwarzer Pfeffer aus der Mühle

frisches Koriandergrün

Für 4 Personen
Zubereitungszeit: ca. 30 Min.
Garzeit: ca. 1 ¹/₄ Std.
ca. 510 kcal je Portion

1 Den Römertopf® (Fischtopf) ausgiebig wässern. Die Meeresfrüchte und das Fischfilet kalt abwaschen und mit Küchen-krepp trockentupfen. Das Filet mundgerecht würfeln. Die Limette heiß abwaschen und abtrocknen, die Schale fein abreiben und den Saft auspressen. Beides in einer Schüs-sel mit den Meeresfrüchten sowie dem Filet mischen und zugedeckt kalt stellen.

2 Zwiebel schälen und fein würfeln. Knob-lauch und Ingwer schälen und hacken. Chilischoten aufschneiden, von Kernen und Stielansätzen befreien und in sehr feine Streifen schneiden. Wenn man nicht mit Haushaltshandschuhen arbeitet, danach so-fort die Hände waschen. Tomaten über Kreuz einritzen, kurz überbrühen, abschrecken, enthäuten und ohne Stielansätze würfeln.

3 Den Topf aus dem Wasser nehmen. Zwie-bel, Knoblauch, Ingwer, Chilischoten, To-maten, Reis und Brühe hineingeben. Safran, Currypulver, Thymian, Salz und Pfeffer dazu-geben und alles vermengen. Den Deckel auflegen und den Topf in den kalten Back-ofen stellen. Alles bei 200 °C (Umluft 170 °C, Gas Stufe 3) etwa 1 Stunde garen.

4 Den Topf aus dem Ofen nehmen, die Meeresfrüchte-Fisch-Mischung unter den Reis mengen. Mit Salz und Pfeffer ab-schmecken, wieder zudecken und in den Ofen stellen, weitere 15 Minuten garen. Zum Servieren das Koriandergrün waschen, trockentupfen, grob hacken und über die anderen Zutaten streuen.

Doraden auf Asiagemüse

1 Den Römertopf® (Fischtopf) ausgiebig wässern. Die Knoblauchzehen und den Ingwer schälen und sehr fein würfeln. Die Limette heiß abwaschen und abtrocknen, die Schale fein abreiben und den Saft auspressen. Knoblauch, Ingwer und Limettenschale mischen.

2 Die Doraden waschen und trockentupfen (eventuell zuvor schuppen bzw. nachschuppen). Mit einem scharfen Messer die Fische auf jeder Seite drei- oder viermal schräg bis auf die Gräten einschneiden. Jeweils etwas Knoblauchmischung in die Einschnitte geben. Zugedeckt beiseite stellen.

3 Die Frühlingszwiebeln waschen, putzen und in schräge Ringe schneiden. Die Shiitakepilze waschen, die Stiele entfernen, die Hüte in feine Streifen schneiden. Die Chilischoten waschen, aufschneiden und entkernen, von den Stielansätzen befreien und in feine Ringe schneiden. Wenn man nicht mit Haushaltshandschuhen arbeitet, danach sofort die Hände waschen. Die Bohnenkeime waschen und abtropfen lassen.

4 Den Tontopf aus dem Wasser nehmen. Frühlingszwiebeln, Pilze, Chiliringe, Bohnenkeime, die restliche Knoblauchmischung, Sojasauce, Pfeffer und $^1/_2$–1 TL Fünf-Gewürze-Pulver darin vermengen. Zugedeckt in den kalten Backofen stellen, das Gemüse bei 200 °C (Umluft 170 °C, Gas Stufe 3) etwa 20 Minuten garen.

5 Den Topf aus dem Ofen nehmen. Das Gemüse umrühren, die Doraden darauf legen und mit etwas Limettensaft beträufeln. Wieder zudecken und in den Ofen stellen, alles noch etwa 20 Minuten garen. Zum Servieren mit dem restlichen Limettensaft beträufeln. Als Beilage passt Duftreis oder Reisnudeln.

Zutaten

2 Knoblauchzehen · 40 g Ingwer · 1 unbehandelte Limette

2 küchenfertige Doraden (à etwa 500 g)

1 Bund Frühlingszwiebeln · 100 g Shiitakepilze · 2 rote Chilischoten · 100 g frische Bohnenkeime

3 EL helle Sojasauce · etwas schwarzer Pfeffer aus der Mühle · etwas Fünf-Gewürze-Pulver

Für 4 Personen
Zubereitungszeit: ca. 40 Min.
Garzeit: ca. 40 Min.
ca. 500 kcal je Portion

klassisch ⊖
<500 kcal ⊖
vegetarisch ⊖
deftig ⊖
für Kids ⊖
einfach ⊖
preiswert ⊖
ausgefallen ⊕

Lachsragout mit Spargel

- klassisch
- < 500 kcal
- vegetarisch
- deftig
- für Kids
- einfach
- preiswert
- ausgefallen

1 Den Römertopf® (Fischtopf) ausgiebig wässern. Den Spargel waschen, putzen und schälen. Spargelschalen und -abschnitte in einen kleinen Topf geben, $1/4$ l Wasser angießen. Salz, Zucker und Butter dazugeben, aufkochen und bei schwacher Hitze 10 Minuten köcheln lassen. Durch ein Sieb abgießen, den Kochsud auffangen.

2 Inzwischen die Zuckerschoten waschen, putzen und in breite Streifen schneiden. Die Möhren schälen und in sehr dünne Scheiben schneiden. Die Spargelstangen in 5–6 cm lange Stücke schneiden, dabei die Köpfe beiseite legen.

3 Den Tontopf aus dem Wasser nehmen. Den Spargel (ohne die Köpfe), Zuckerschoten, Möhren und Kochsud hineingeben und vermengen. Den Topf zudecken und in den kalten Backofen stellen, das Gemüse bei 200 °C (Umluft 170 °C, Gas Stufe 3) etwa 45 Minuten garen.

4 Das Lachsfilet kalt abwaschen und mundgerecht würfeln. Die Garnelen ebenfalls kalt abwaschen. Beides mit Limettensaft beträufeln und mit Salz und Pfeffer würzen.

5 Den Topf aus dem Ofen nehmen. Spargelköpfe, Crème fraîche, Lachs und Garnelen hineingeben. Alles wieder vorsichtig vermengen und zugedeckt weitere 15 Minuten in den Ofen stellen.

6 Dill und Kerbel waschen und hacken. Beides zum Lachsragout geben, dieses mit Salz und Pfeffer abschmecken und sofort servieren.

Zutaten

1,5 kg weißer Spargel (dünne Stangen) · etwas Salz ·
1 Prise Zucker · 2 TL Butter
150 g Zuckerschoten ·
2 zarte Möhren
300 g Lachsfilet · 8 geschälte gegarte Riesengarnelen ·
Saft von $1/2$ Limette · etwas weißer Pfeffer aus der Mühle
100 g Crème fraîche
$1/2$ Bund Dill · $1/2$ Bund Kerbel

Für 4 Personen
Zubereitungszeit: ca. 50 Min.
Garzeit: ca. 1 Std.
ca. 440 kcal je Portion

Tipps

Dazu passen kleine neue Kartoffeln besonders gut.
Der Spargel ist nach der angegebenen Garzeit noch sehr knackig und bissfest. Wenn Sie ihn lieber etwas weicher genießen möchten, verlängern Sie die Garzeit um 10–15 Minuten.

Paprikahähnchen

● klassisch

● <500 kcal

● vegetarisch

● deftig

● für Kids

● einfach

● preiswert

● ausgefallen

Zutaten

1 Hähnchen (ca. 1,5 kg) · etwas
Salz · 1 Knoblauchzehe · 2 EL Öl ·
$^1/_2$ TL Paprikapulver, scharf

3 Tomaten · 1 Prise Zucker ·
$^1/_4$ l trockener Weißwein

je 1 rote, gelbe und grüne Paprikaschote

2 TL Speisestärke

2 EL fein gehackte glattblättrige
Petersilie

Für 4 Personen
Zubereitungszeit: ca. 30 Min.
Garzeit: ca. 1 $^1/_2$ Std.
ca. 570 kcal je Portion

Variation

Eine ebenso würzige Variation, bei
der bunte Paprikaschoten mit Rindfleisch kombiniert werden, ist auf
dem Titelbild dieses Buches abgebil-
det. Dafür je 1 rote, gelbe und grüne
Paprikaschote waschen, putzen und
klein schneiden. 400 g Rindfleisch
waschen, trockentupfen und würfeln. 2 Zwiebeln schälen und in Spalten schneiden. 100 g Zuckerschoten
waschen, putzen und etwas zerteil-
len. Fleisch und Zwiebeln in einer
Pfanne in 1 EL Öl rundum anbraten,
mit Salz, Pfeffer und Paprikapulver
würzen und mit $^1/_8$ l Fleischbrühe ab-
löschen. Etwas abkühlen lassen,
dann mit dem vorbereiteten Gemüse
in den gewässerten Römertopf® geben. Zudecken, in den kalten Ofen
stellen und bei 200 °C (Umluft
170 °C, Gas Stufe 3) etwa 2 Stunden
garen. Zum Servieren abschmecken
und mit gehackter Petersilie bestreuen.

1 Den Römertopf® ausgiebig wässern. Das
Hähnchen kalt abwaschen, trockentupfen
und innen salzen. Die Knoblauchzehe
schälen und durchpressen, das Hähnchen
innen und außen damit einreiben. Das
Hähnchen außen mit Öl bestreichen, mit
Paprikapulver bestäuben und in den Tontopf
legen.

2 Die Tomaten kreuzweise einritzen, kurz
überbrühen, abschrecken, enthäuten und
ohne die Stielansätze vierteln. Die Tomaten-
viertel und den Zucker zum Hähnchen geben, den Wein angießen.

3 Den Tontopf zudecken und in den kalten
Backofen stellen. Das Hähnchen bei
225 °C (Umluft 200 °C, Gas Stufe 4) 1 Stunde
garen. Inzwischen die Paprikaschoten waschen, halbieren, entkernen und ohne die
Stielansätze in Streifen schneiden.

4 Nach 1 Stunde das Hähnchen aus dem
Tontopf nehmen. Die Speisestärke mit
wenig Wasser anrühren, in die Sauce geben
und diese mit Salz abschmecken.

5 Die Paprikastreifen in den Topf füllen,
das Hähnchen wieder dazugeben, den
Deckel auflegen und alles weitere 30 Minuten garen. Vor dem Servieren das Gericht
mit Petersilie bestreuen.

Piemonteser Ochsenschwanz

- klassisch
- <500 kcal
- vegetarisch
- deftig
- für Kids
- einfach
- preiswert
- ausgefallen

1 Den Römertopf® ausgiebig wässern. Den Ochsenschwanz kalt abwaschen, trockentupfen, rundum mit Salz und Pfeffer würzen und mit Mehl bestäuben; überschüssiges Mehl abschütteln.

2 Die Tomaten über Kreuz einritzen, kurz überbrühen, abschrecken, enthäuten, Stielansätze entfernen und das Fruchtfleisch grob hacken.

3 Die Zwiebeln und den Knoblauch schälen und hacken. Den Sellerie und die Möhren putzen bzw. schälen und waschen und in nicht zu kleine Würfel schneiden.

4 Das Öl in einer beschichteten Pfanne erhitzen, die Fleischscheiben darin rundum anbraten. Die Pfanne vom Herd nehmen.

5 Den Tontopf aus dem Wasser nehmen, Fleischscheiben und Gemüse hineingeben. Den Wein angießen. Die Kräuter waschen, zusammenbinden und ebenfalls in den Topf legen.

6 Den Topf zudecken und in den kalten Backofen stellen. Den Ochsenschwanz bei 200 °C (Umluft 170 °C, Gas Stufe 3) etwa 2 1/2 Stunden schmoren.

7 Inzwischen für die Gremolata die Petersilie waschen, trockentupfen und hacken. Die Knoblauchzehen schälen, ebenfalls fein hacken. Beides mit der Zitronenschale vermischen, mit Salz und Pfeffer würzen.

8 Zum Servieren die Kräuter wieder aus dem Topf entfernen. Die Gremolata über die anderen Zutaten streuen.

Zutaten

Für den Ochsenschwanz
1,5 kg Ochsenschwanz in Scheiben · etwas Salz · etwas schwarzer Pfeffer aus der Mühle · 1–2 EL Mehl

600 g Tomaten

2 Zwiebeln · 2 Knoblauchzehen · 4 Stangen Sellerie · 400 g Möhren

2 EL Olivenöl

200 ml Barolo (oder anderer trockener, sehr gehaltvoller Rotwein) · 1/2 Bund glattblättrige Petersilie · 3 Zweige Thymian · 2 Lorbeerblätter

Für die Gremolata
1 Bund glattblättrige Petersilie · 5 Knoblauchzehen · abgeriebene Schale von 1 unbehandelten Zitrone · etwas Salz · etwas schwarzer Pfeffer aus der Mühle

Für 4 Personen
Zubereitungszeit: ca. 30 Min.
Garzeit: ca. 2 1/2 Std.
ca. 900 kcal je Portion

Tipp
Zu dem würzigen Ochsenschwanz passt am besten eine zu cremigem Brei gekochte Polenta. Als Wein harmoniert der nicht ganz billige, aber köstliche Barolo. Trinken Sie am besten denselben, den Sie auch zum Kochen verwendet haben.

Kräuter-Lammkeule mit Aprikosen

- klassisch
- <500 kcal
- vegetarisch
- **deftig**
- für Kids
- **einfach**
- preiswert
- **ausgefallen**

Zutaten

200 g getrocknete Aprikosen

1 kleine Lammkeule mit Knochen (etwa 1,4 kg) · 4–5 Knoblauch-zehen · 5 Zweige Rosmarin · 10 Zweige Oregano · 1 EL Olivenöl · 3 EL Zitronensaft · etwas schwarzer Pfeffer aus der Mühle · etwas gemahlener Kreuzkümmel

3 große Zwiebeln · 2 große Zucchini

etwas Salz

Für 4 Personen
Zubereitungszeit: ca. 30 Min.
Marinierzeit: über Nacht
Garzeit: ca. 3 Std.
ca. 950 kcal je Portion

Tipps
Als Beilage ist Couscous sehr gut geeignet.
Kaufen Sie keine größere Lamm-keule. Zum einen passt sie nicht in den Römertopf, und vor allem stammt sie meist von einem älteren Tier und schmeckt nicht mehr so fein.

1 Die Aprikosen in eine Schüssel geben, knapp mit warmem Wasser bedecken und über Nacht in den Kühlschrank stellen.

2 Die Lammkeule waschen und trockentup-fen. Den Knoblauch schälen, in kleine Stifte schneiden und an mehreren Stellen in die Keule stecken. Rosmarin und Oregano waschen und trockentupfen. Jeweils die Hälfte der Nadeln und Blättchen von den Stielen streifen und hacken, mit Olivenöl, Zitronensaft, Pfeffer und Kreuzkümmel ver-rühren. Die Keule damit einreiben und zuge-deckt über Nacht in den Kühlschrank stellen.

3 Am nächsten Tag den Römertopf® aus-giebig wässern. Die Zwiebeln schälen und in Spalten schneiden. Die Zucchini wa-schen und putzen, längs halbieren und in breite Stücke schneiden. Die restlichen Kräuter von den Stielen streifen und hacken.

4 Den Römertopf® aus dem Wasser neh-men, Zwiebeln, Zucchini, Kräuter und die Aprikosen mit dem Einweichwasser hinein-geben. Alles mit Salz, Pfeffer und Kreuz-kümmel würzen und vermischen.

5 Die Lammkeule auf das Gemüse legen, dabei eventuell das Gemüse zuvor an den Rand schieben, damit die Keule in den Topf passt. Den Deckel auflegen, den Topf in den kalten Backofen stellen und die Lamm-keule bei 175 °C (Umluft 150 °C, Gas Stufe 2) etwa 3 Stunden garen.

Tipp
Als Beilage können Sie eine
Gemüsemischung aus Toma-
ten, Auberginen und Zucchini
sowie Röstkartoffeln oder
Bauernbrot reichen.

Toskanischer Schweinebraten

- ⊕ klassisch
- ⊕ <500 kcal
- ⊖ vegetarisch
- ⊖ deftig
- ⊖ für Kids
- ⊕ einfach
- ⊕ preiswert
- ⊖ ausgefallen

1 Den Römertopf® ausgiebig wässern. Den Rosmarin waschen. Etwa 1 TL der Nadeln sehr fein hacken. Den Knoblauch schälen und hacken oder durchpressen. Beides mit Zitronenschale, Nelkenpulver, Fenchelsa-men, Salz und Pfeffer vermischen.

2 Das Fleisch kalt abwaschen und trocken-tupfen. Rundum an mehreren Stellen mit einem Messer etwa 1 cm tief einstechen. Jeweils etwas Gewürzmischung in diese Ein-schnitte füllen.

3 Den Braten rundum salzen und pfeffern. Rosmarinzweige darauf legen und den Braten wie einen Rollbraten zusammen-binden. Die Schalotten schälen und grob zerteilen.

4 Den Römertopf® aus dem Wasser neh-men. Die Schalotten und den Schweine-braten hineingeben. Den Topf zudecken und in den kalten Backofen stellen. Den Schweinebraten bei 175 °C (Umluft 150 °C, Gas Stufe 2) etwa 2 ¹/₂ Stunden garen.

Zutaten

6 Zweige frischer Rosmarin ·
4 Knoblauchzehen · 1 TL abgeriebene Schale von 1 unbehandelten
Zitrone · 1 Prise Nelkenpulver ·
1–2 TL Fenchelsamen ·
etwas Salz · etwas schwarzer
Pfeffer aus der Mühle

1,1 kg Schweinebraten (Kotelett
oder Nacken mit Knochen)

250 g Schalotten

Für 4 Personen
Zubereitungszeit: ca. 20 Min.
Garzeit: ca. 2 ¹/₂ Std.
ca. 390 kcal je Portion

Zutaten

2 EL Senf · 150 g feine Bratwurst-
füllung (Brät) · 1 kg Kasseler
1 Wirsingkohl (ca. 700 g) ·
etwas Salz
etwas schwarzer Pfeffer aus der
Mühle · etwas Paprikapulver ·
¹/₄ l Fleischbrühe

Für 4–6 Personen
Zubereitungszeit: ca. 40 Min.
Garzeit: ca. 1 ¹/₄ Std.
ca. 600 kcal je Portion

Kasseler im Wirsing-Mantel

1 Den Römertopf® gründlich wässern. Den Senf mit dem Brät mischen und das Fleisch damit rundum bestreichen.

2 Vom Wirsingkohl die äußeren, welken Blätter entfernen. Etwa 8 große Blätter ablösen, waschen und die Strünke heraus-schneiden. Die Blätter etwa 2 Minuten in kochendem Salzwasser vorgaren.

3 Die Blätter eiskalt abschrecken, abtrop-fen lassen und auf der Arbeitsplatte überlappend ausbreiten. Mit Salz, Pfeffer und Paprikapulver würzen. Das Fleisch in die Wirsingblätter einhüllen und vorsichtig mit der Nahtstelle nach unten in den Ton-topf legen. Mit der Fleischbrühe begießen.

4 Den Tontopf zudecken und in den kalten Backofen stellen. Das Fleisch bei 200 °C (Umluft 170 °C, Gas Stufe 3) etwa 45 Minu-ten garen. Dabei mehrmals mit Brühe übergießen.

5 Den restlichen Kohl klein schneiden, zum Kasseler geben und würzen. Alles weite-re 30 Minuten garen.

6 Das Fleisch vorsichtig aus dem Topf neh-men, in Scheiben schneiden und mit dem Wirsinggemüse anrichten.

klassisch ⊖

<500 kcal ⊖

vegetarisch ⊖

deftig ⊕

für Kids ⊕

einfach ⊖

preiswert ⊕

ausgefallen ⊕

Tipp
Als weitere Beilage
passt gut
Kartoffelpüree.

Rinderbraten in Rotweinsauce

Zutaten

1 kg Rinderschmorbraten ·
$^1/_2$ l trockener Rotwein ·
3 Zwiebeln · 1 Lorbeerblatt ·
3 Zweige Thymian · 1 Zweig
Rosmarin · 1 EL Pfefferkörner ·
1 TL Pimentkörner

200 g Möhren ·
3 Stangen Sellerie

etwas Salz · etwas schwarzer
Pfeffer aus der Mühle ·
1 EL Olivenöl

Für 4 Personen
Zubereitungszeit: ca. 30 Min.
Marinierzeit: 1 Tag
Garzeit: ca. 3 Std.
ca. 540 kcal je Portion

Tipps

Als Beilage passen Kartoffeln und
Blumenkohl, Brokkoli oder ein ande-
res Gemüse Ihrer Wahl.
Braten wie diesen lieber etwas länger als zu kurz schmoren. Das
Fleisch wird dann besonders mürbe.
Sie können auch die Temperatur auf
160 °C (Umluft 130 °C; Gas Stufe 1–2)
reduzieren und die Garzeit auf
4 Stunden verlängern. Es schadet
dem Fleisch auch nicht, wenn Sie es
bei 100 °C (Umluft 70 °C; Gas Stufe 1)
länger warm halten.

1 Den Rinderbraten kalt abwaschen, in
eine Schüssel legen und mit dem Rotwein übergießen. 1 Zwiebel schälen, vierteln
und mit Lorbeer, Thymian, Rosmarin, Pfef-
fer- und Pimentkörnern zum Fleisch geben.
Den Braten zugedeckt 1 Tag in den Kühlschrank stellen, zwischendurch nach Möglichkeit mehrfach wenden.

2 Am folgenden Tag den Römertopf® ausgiebig wässern. Die 2 restlichen Zwiebeln schälen und in Spalten schneiden.
Die Möhren schälen, putzen und würfeln.
Den Sellerie waschen, putzen und in Stücke
schneiden.

3 Den Rinderbraten aus der Marinade neh-
men, die Marinade beiseite stellen. Den
Braten mit Küchenkrepp trockentupfen.
Rundum mit Salz und Pfeffer einreiben.
Das Öl in einer Pfanne erhitzen, den Braten
darin von allen Seiten anbraten.

4 Den Römertopf aus dem Wasser nehmen
und den Braten hineinlegen. Zwiebelspalten, Möhren und Sellerie dazugeben.
Die Marinade durch ein feines Sieb geben
und 200 ml davon über den Braten gießen.
Den Topf zudecken und in den kalten
Backofen stellen. Den Braten bei 175 °C
(Umluft 150 °C; Gas Stufe 2) etwa 3 Stunden
schmoren.

5 Den Braten aus dem Topf heben und
warm halten. Flüssigkeit und Gemüse
zusammen pürieren, mit Salz und Pfeffer
abschmecken und zum Braten servieren.

Hähnchen auf tunesische Art

- klassisch
- <500 kcal
- vegetarisch
- **deftig**
- **für Kids**
- einfach
- preiswert
- **ausgefallen**

1 Den Römertopf® gründlich wässern. Das Hähnchen waschen und trockentupfen. Die Keulen abtrennen, das Brustfleisch am Brustbein entlang senkreicht einschneiden. Den Brustknochen durchschneiden und die Bruststücke vom Rücken abtrennen. Dann quer in Flügel- und unteres Bruststück zerteilen. Mit Salz, Pfeffer und 2 TL Paprikapulver rundum einreiben.

2 Die Kartoffeln und die Zwiebeln schälen, die Tomaten waschen. Alles in Scheiben schneiden. Die Chilischoten der Länge nach halbieren, entkernen und die Stielansätze entfernen. Wenn man nicht mit Haushaltshandschuhen arbeitet, danach sofort die Hände waschen.

3 Den Tontopf aus dem Wasser nehmen. Die Hähnchenteile und das Gemüse hineingeben.

4 Das Tomatenmark mit Öl, Safran, Salz, Pfeffer, Zucker, dem restlichen Paprikapulver, Zitronensaft und Geflügelfond verrühren. Die Sauce über die Hähnchenteile gießen.

5 Den Tontopf zudecken und in den kalten Backofen stellen. Das Hähnchen bei 200 °C (Umluft 170 °C, Gas Stufe 3) etwa 1 1/2 Stunden garen. Das Hähnchen vor dem Servieren mit den gehackten Kräutern bestreuen.

Zutaten

1 Hähnchen (ca. 1,5 kg) ·
etwas Salz · etwas schwarzer
Pfeffer aus der Mühle ·
3 TL Paprikapulver, edelsüß

500 g fest kochende Kartoffeln ·
1–2 Zwiebeln · 2 Fleischtomaten ·
2 scharfe Chilischoten

1 EL Tomatenmark · 2 EL Öl ·
1 Döschen gemahlener Safran ·
1 Prise Zucker ·
Saft von 1 Zitrone ·
1/4 l Geflügelfond

1 EL fein gehackte glattblättrige
Petersilie · 1 EL fein gehackte
Zitronenmelisse

Für 4 Personen
Zubereitungszeit: ca. 30 Min.
Garzeit: ca. 1 1/2 Std.
ca. 650 kcal je Portion

Tipp
Als Beilage passen Couscous oder Fladenbrot und ein grüner Salat mit Joghurtdressing.

Kalbsrouladen

- klassisch
- <500 kcal
- vegetarisch
- deftig
- **für Kids**
- **einfach**
- preiswert
- **ausgefallen**

Zutaten

5 kleine Zucchini

4 dünne Kalbsschnitzel
(à ca. 160 g) · 2 EL scharfer Senf ·
etwas Salz · etwas schwarzer
Pfeffer aus der Mühle ·
2 TL Currypulver ·

4 Scheiben roher Schinken

4 EL Öl · 2 große Zwiebeln ·
$^1/_4$ l Kalbsfond

2 große Tomaten

125 g Crème fraîche

Für 4 Personen
Zubereitungszeit: ca. 30 Min.
Garzeit: ca. 1 $^1/_4$ Std.
ca. 480 kcal je Portion

1 Den Römertopf® ausgiebig wässern. Die Zucchini waschen und putzen. 2 Zucchini längs in Stifte schneiden und die Länge der Stifte der Breite der Schnitzel anpassen.

2 Die Kalbsschnitzel flach klopfen, mit Senf bestreichen und mit Salz, Pfeffer und Currypulver würzen. Das Fleisch mit je einer Scheibe Schinken und den Zucchini-stiften belegen. Die Kalbsschnitzel längs etwas einschlagen und mit der Füllung fest aufrollen. Mit Holzspießchen zusammen-stecken.

3 Den Römertopf aus dem Wasser nehmen. Die Rouladen in einer Pfanne im heißen Öl scharf anbraten, herausnehmen und in den Tontopf legen. Die Zwiebeln schälen, würfeln und im Bratfett goldgelb rösten. Zu den Rouladen geben. Den Bratensatz in der Pfanne mit dem Fond aufkochen, vom Pfan-nenboden lösen und über die Rouladen gießen.

4 Die Tomaten kreuzweise einritzen, kurz überbrühen, abschrecken, enthäuten und ohne die Stielansätze vierteln. Die restli-chen Zucchini in Scheiben schneiden und mit den Tomatenvierteln in den Tontopf geben.

5 Den Tontopf zudecken und in den kalten Backofen stellen. Die Rouladen bei 225 °C (Umluft 200 °C, Gas Stufe 4) etwa 1 Stunde garen.

6 Die Kalbsrouladen aus dem Topf nehmen und warm stellen, dabei die Spießchen entfernen. Die Sauce im Topf mit einem Pürierstab fein mixen und die Crème fraîche hineinrühren. Mit Salz, Pfeffer und Curry-pulver würzig abschmecken.

7 Die Rouladen zurück in die Sauce legen und im verschlossenen Tontopf noch 5–10 Minuten erhitzen.

Zutaten

600 g Geflügelbrustfilet (Hähnchen oder Pute) · 1 große
Zwiebel · 1 Knoblauchzehe

2 EL Öl

1 großer Apfel · 40 g Ingwer ·
100 g Rosinen ·
180 g Langkornreis

$^1/_2$ l Geflügelfond ·

1 TL Currypulver · etwas Salz ·
etwas schwarzer Pfeffer aus
der Mühle

2 EL gehackte glattblättrige
Petersilie

Für 4 Personen
Zubereitungszeit: ca. 30 Min.
Garzeit: ca. 1 $^1/_4$ Std.
ca. 660 kcal je Portion

Geflügelpilaw

1 Den Römertopf® ausgiebig wässern. Das Geflügelbrustfilet waschen, trockentupfen und in Streifen schneiden. Die Zwiebel und die Knoblauchzehe schälen und fein hacken.

2 Den Tontopf aus dem Wasser nehmen. Das Öl in einer Pfanne erhitzen und die Fleischstreifen, die Zwiebel und den Knoblauch darin anbraten. Anschließend alles in den Topf füllen.

3 Den Apfel schälen und ohne das Kerngehäuse fein raspeln. Den Ingwer schälen und fein würfeln. Apfel, Ingwer, Rosinen und Reis ebenfalls in den Topf geben.

4 Den Geflügelfond mit Curry würzen. Den Fond in den Tontopf gießen und alles gut mischen. Mit Salz und Pfeffer kräftig abschmecken.

5 Den Tontopf zudecken und in den kalten Backofen stellen. Das Geflügelpilaw bei 200 °C (Umluft 180 °C, Gas Stufe 3) etwa 75 Minuten garen.

6 Den Tontopf öffnen und den Reis vor dem Servieren noch 5 Minuten abdämpfen lassen. Das Pilaw zum Servieren mit der Petersilie bestreuen.

Variation
Probieren Sie doch
einmal Hirse statt
Reis – das Gericht
schmeckt dann noch
herzhafter.

klassisch ●
<500 kcal ●
vegetarisch ●
deftig ●
für Kids ●
einfach ●
preiswert ●
ausgefallen ●

Zutaten

1 kg Schweinerippchen ·
40 g Ingwer · 4 Knoblauchzehen ·
6 EL Sojasauce · 1 Prise getrocknete zerbröselte Chilischoten ·
$^1/_2$–1 TL Fünf-Gewürze-Pulver

8 getrocknete Tongupilze ·
10 g getrocknete Mu-Err-Pilze ·
1 Bund Frühlingszwiebeln ·
1 rote Paprikaschote

1 Dose kleine Maiskolben (230 g
Abtropfgewicht) · etwas Salz

200 g frische Bohnenkeime ·
3 EL Sesamsamen

Für 4 Personen
Zubereitungszeit: ca. 25 Min.
Marinierzeit: über Nacht
Garzeit: ca. 1 $^1/_4$ Std.
ca. 520 kcal je Portion

Rippchen auf chinesische Art

klassisch

<500 kcal

vegetarisch

deftig

für Kids

einfach

preiswert

ausgefallen

1 Die Rippchen waschen, trockentupfen und in kleine Stücke hacken. Ingwer und Knoblauch schälen und hacken, mit Soja-sauce, Chilibröseln und Fünf-Gewürze-Pul-ver verrühren. Die Rippchen darin wenden und zugedeckt über Nacht kalt stellen.

2 Am nächsten Tag den Römertopf® gründ-lich wässern. Die Tongupilze und die Mu-Err-Pilze 15 Minuten in lauwarmem Wasser einweichen. Inzwischen die Frühlingszwie-beln waschen, putzen und in 4–5 cm lange Stücke schneiden. Die Paprikaschote halbie-ren, von Kernen, Stielansatz und den Trenn-häuten befreien und in dicke Streifen schneiden.

3 Die Pilze abtropfen lassen, das Einweich-wasser auffangen. Die Tongupilze in breite Streifen schneiden, dabei die Stiele entfernen.

4 Den Topf aus dem Wasser nehmen. Pilze, Einweichwasser der Pilze, Frühlingszwie-beln, Paprika und Maiskölbchen hineinge-ben, mischen und salzen. Die Rippchen mit der Marinade dazugeben.

5 Den Topf zudecken und in den kalten Ofen stellen. Alles bei 200 °C (Umluft 170 °C, Gas Stufe 3) etwa 1 Stunde garen.

6 Die Bohnenkeime in einem Sieb kalt ab-spülen und unter das Gemüse mengen. Die Rippchen mit Sesam bestreuen und alles im offenen Topf im Ofen noch etwa 15 Minuten garen.

Tipp
Dazu schmeckt gelbgrüner Reis sehr gut. Dafür Duftreis in mit Kurkuma gefärbtem Salzwasser garen. Für die letzten 5 Minuten 1 Tasse TK-Erbsen dazugeben.

Rosmarinkaninchen

Zutaten

1 küchenfertiges Kaninchen
(etwa 1,4 kg)

2 EL Olivenöl · etwas schwarzer
Pfeffer aus der Mühle · 4 Knob-
lauchzehen · 6 Zweige frischer
Rosmarin

3 rote Zwiebeln ·
1 Staudensellerie
etwas Salz

Für 4 Personen
Zubereitungszeit: ca. 30 Min.
Marinierzeit: 2 Std.
Garzeit: ca. 1 ½ Std.
ca. 440 kcal je Portion

klassisch ⊖

< 500 kcal ⊕

vegetarisch ⊖

deftig ⊖

für Kids ⊖

einfach ⊕

preiswert ⊖

ausgefallen ⊕

1 Das Kaninchen waschen und trockentupfen, die Silberhaut entfernen und das Kaninchen zerteilen: auf die Bauchseite legen.
Die Vorderläufe zur Seite biegen. Das
Fleisch am Beinsansatz einschneiden und
die Läufe mit den Schultern auslösen. Das
Kaninchen auf den Rücken legen und die
Hinterläufe abtrennen. Die Bauchlappen-
stücke abschneiden. Das Kaninchen wieder
drehen und das vordere Rumpfteil hinter
den Rippenknochen abtrennen.

2 Das Olivenöl in einer großen Schüssel
mit dem Pfeffer verrühren. Den Knoblauch schälen und durchpressen, die Ros-
marinnadeln hacken. Knoblauch und Rosmarin unter das Olivenöl rühren und die Kaninchenteile damit einreiben. Das Fleisch
zugedeckt im Kühlschrank mindestens
2 Stunden marinieren.

3 Den Römertopf® gründlich wässern. Die
Zwiebeln schälen und in Spalten schnei-
den. Den Sellerie waschen, putzen und in
Scheiben schneiden.

4 Den Tontopf aus dem Wasser nehmen,
Zwiebeln, Sellerie sowie Kaninchenteile
hineingeben und alles mit Salz und Pfeffer
würzen. Den Topf zudecken, in den kalten
Ofen stellen und das Gericht bei 200 °C
(Umluft 170 °C, Gas Stufe 3) etwa 1 ½ Stunden garen.

Tipp
Als Beilage zu dem
würzigen Kaninchen
passt Kartoffelpüree
oder geröstete Kartof-
feln sehr gut.

Lammcurry mit Banane

- klassisch
- <500 kcal
- vegetarisch
- **deftig**
- für Kids
- einfach
- preiswert
- **ausgefallen**

1 Den Römertopf® ausgiebig wässern. Das Lammfleisch in schmale Streifen schneiden. Den Ingwer schälen und fein hacken. 1 EL Curry, Salz, Mehl und Ingwer mischen und die Fleischstreifen darin wenden.

2 Die Äpfel schälen und die Kerngehäuse entfernen. Die Zwiebeln schälen. Äpfel und Zwiebeln in Spalten schneiden. Die Paprikaschote waschen, halbieren, entkernen und in Streifen schneiden.

3 Den Tontopf aus dem Wasser nehmen. Abwechselnd das Fleisch, die Äpfel, die Zwiebeln, die Paprika und die Rosinen in die Form schichten. Den Lammfond darüber gießen.

4 Den Tontopf zudecken und in den kalten Backofen stellen. Das Lammcurry bei 225 °C (Umluft 200 °C, Gas Stufe 4) etwa 70 Minuten schmoren. Den Topf aus dem Ofen nehmen, die Sahne dazugießen und das Gericht zugedeckt weitere 20 Minuten garen.

5 Inzwischen die Bananen schälen, längs halbieren und mit Zitronensaft beträufeln. Die Butter in einer Pfanne schmelzen, das restliche Curry hineinrühren und die Bananen darin kurz anbraten. Die Kokosraspel in einer Pfanne ohne Fett leicht bräunen und auf die Bananen streuen.

6 Die Minzeblätter in Streifen schneiden und unter das Lammcurry mischen. Das Curry mit den Bananen servieren.

Zutaten

500 g Lammfleisch aus der Schulter · 40 g frischer Ingwer · 1 $^1/_2$ EL Curry · 1 TL Salz · 2 EL Mehl

2 säuerliche Äpfel · 2 Zwiebeln · 1 grüne Paprikaschote

75 g Rosinen · $^1/_4$ l Lammfond

150 g Sahne

2 Bananen · 2 EL Zitronensaft · 2 EL Butter · 2 EL Kokosraspel

einige Minzeblätter

Für 4 Personen
Zubereitungszeit: ca. 40 Min.
Garzeit: ca. 1 $^1/_2$ Std.
ca. 580 kcal je Portion

Tipp
Falls Sie kein Lamm mögen, können Sie ebensogut Rind-, Schweine- oder Geflügelfleisch verwenden.

Wildragout

⊕ klassisch

⊖ <500 kcal

⊖ vegetarisch

⊕ deftig

⊖ für Kids

⊖ einfach

⊖ preiswert

⊖ ausgefallen

Zutaten

2 Zwiebeln · 5 Wacholderbeeren ·
1 kg Wildgulasch (Schulter, Hals
oder Keule von Reh, Wildschwein
oder Hase) · 2 Thymianzweige ·
1 Rosmarinzweig · 1 Lorbeerblatt ·
5 schwarze Pfefferkörner

$^1/_2$ l Rotwein · 4 EL Apfelessig

3 EL Butterschmalz

100 ml Wildfond

250 g Steinpilze · 2 EL Mehl ·
100 g saure Sahne ·
1 EL Johannisbeergelee ·
etwas Salz · etwas schwarzer
Pfeffer aus der Mühle

Für 4 Personen
Zubereitungszeit: ca. 40 Min.
Marinierzeit: ca. 1 Tag
Garzeit: ca. 1 $^1/_2$ Std.
ca. 570 kcal je Portion

1 Für die Marinade 1 Zwiebel schälen und klein schneiden, die Wacholderbeeren zerdrücken. Das Wildgulasch mit der Zwiebel, den Wacholderbeeren, den Kräuterzweigen, dem Lorbeerblatt und den Pfefferkörnern in ein tiefes Gefäß geben.

2 Das Fleisch mit Rotwein und Apfelessig begießen und etwa 1 Tag zugedeckt im Kühlschrank marinieren.

3 Am nächsten Tag den Römertopf® gründlich wässern. Das Fleisch aus der Marinade nehmen und trockentupfen. Die Marinade durch ein Sieb gießen und beiseite stellen.

4 Die zweite Zwiebel schälen und in Spalten schneiden. Die Fleischwürfel in einer Pfanne in heißem Butterschmalz scharf anbraten, die Zwiebelspalten hinzufügen und mit anrösten.

5 Fleisch und Zwiebeln in den Tontopf geben. Den Bratensatz in der Pfanne mit der Rotweinmarinade aufkochen, vom Boden lösen und über das Fleisch gießen. Den Wildfond hinzufügen. Den Tontopf zudecken und in den kalten Backofen stellen. Das Wildragout bei 225 °C (Umluft 200 °C, Gas Stufe 4) etwa 1 $^1/_4$ Stunden garen.

6 Die Steinpilze putzen, mit einem feuchten Tuch abreiben, klein schneiden und zum Fleisch geben. Das Mehl mit der sauren Sahne verquirlen, unter das Ragout rühren. Alles mit Johannisbeergelee, Salz und Pfeffer abschmecken und zugedeckt im Ofen in 15 Minuten fertig garen.

Zutaten

600 g Pfirsiche

½ l Milch · etwas Salz ·
abgeriebene Schale von ½ unbehandelten Zitrone ·
125 g kleine Nudeln

100 g Sultaninen · 125 g Sahne ·
150 g gemahlener Mohn ·
4 EL Zucker

4 frische Eier · 50 g Butter ·
1 P. Vanillezucker

Für 4 Personen
Zubereitungszeit: ca. 45 Min.
Garzeit: ca. 45 Min.
ca. 850 kcal je Portion

Pfirsich-Mohn-Auflauf

- klassisch
- < 500 kcal
- ⊕ vegetarisch
- deftig
- ⊕ für Kids
- einfach
- preiswert
- ausgefallen

1 Den Römertopf® (Auflauftopf) gründlich wässern. Die Pfirsiche mit kochendem Wasser überbrühen, kalt abschrecken und enthäuten. Die Früchte halbieren, entsteinen und würfeln.

2 Die Milch mit dem Salz und der Zitronenschale aufkochen, die Nudeln darin bei schwacher Hitze quellen lassen, bis sie bissfest sind. Abkühlen lassen.

3 Inzwischen die Sultaninen mit der Sahne, dem Mohn und 2 EL Zucker in einem Topf verrühren und zu einem Brei kochen. Abkühlen lassen. Die Pfirsichwürfel unterheben.

4 Die Eier trennen. Die Eigelbe mit der Butter und dem restlichen Zucker schaumig rühren. Mit den Nudeln unter die Pfirsich-Mohn-Masse mischen. Die Eiweiße mit dem Vanillezucker steif schlagen und zuletzt unterheben.

5 Den Tontopf aus dem Wasser nehmen und die Auflaufmasse hineinfüllen. Den Tontopf zudecken und in den kalten Backofen stellen. Den Auflauf bei 200 °C (Umluft 170 °C; Gas Stufe 3) etwa 45 Minuten garen.

Tipp
Den üppigen Auflauf können Sie als sättigendes süßes Hauptgericht oder als Dessert für 6–8 Personen zubereiten.

Tipp
Dazu schmeckt eine süße Rotweinsauce sehr gut. Dafür 1 frisches Ei mit 1 EL Ahornsirup und 1 EL warmem Wasser im Wasserbad schaumig schlagen. Nach und nach 100 ml Rotwein unterschlagen, bis die Sauce dickschaumig ist. Zum Auflauf servieren.

Brotauflauf
mit Orangen und Äpfeln

1 Den Römertopf® (Desserttopf) gründlich wässern. Das Brot in kleine Würfel schneiden und in eine Schüssel geben. Die Milch lauwarm erhitzen und über das Brot träufeln, das Brot 10 Minuten einweichen.

2 Die Orange heiß abwaschen und trockentupfen. Die Schale fein abreiben, die Frucht schälen und dabei die weiße Außenhaut entfernen. Das Fruchtfleisch klein schneiden. Den Apfel schälen, vierteln, entkernen und in kleine Stücke schneiden.

3 Das Eiweiß steif schlagen. Eigelbe mit Zucker, Vanille und Orangenschale schaumig aufschlagen. Das Brot untermengen, dann die Orangen und die Apfelstücke. Den Eischnee unterheben.

4 Den Römertopf® aus dem Wasser nehmen und die Brotmasse hineinfüllen. Den Topf zudecken und in den kalten Backofen stellen. Bei 200 °C (Umluft 170 °C; Gas Stufe 3) etwa 45 Minuten garen.

Zutaten

200 g Bauernbrot · 175 ml Milch
1 unbehandelte Orange ·
1 säuerlicher Apfel
3 frische Eier (getrennt) ·
70 g Zucker ·
$1/2$ TL gemahlene Vanille

Für 4 Personen
Zubereitungszeit: ca. 30 Min.
Garzeit: ca. 45 Min.
ca. 310 kcal je Portion

klassisch ⊖
< 500 kcal ⊕
vegetarisch ⊕
deftig ⊖
für Kids ⊕
einfach ⊖
preiswert ⊕
ausgefallen ⊖

Süßer Risottoauflauf

- ● klassisch
- ● <500 kcal
- ● vegetarisch
- ● deftig
- ● für Kids
- ● einfach
- ● preiswert
- ● ausgefallen

Zutaten

300 ml Milch · 100 g Risottoreis
2 frische Eier (getrennt) ·
2 EL weiche Butter · 2 EL Zucker ·
1 gute Prise Zimt · 2 Äpfel ·
2 EL Zitronensaft
75 g Amarettini di Saronno
200 g Preiselbeeren aus dem Glas

Für 4 Personen
Zubereitungszeit: ca. 30 Min.
Garzeit: ca. 45 Min.
ca. 440 kcal je Portion

1 Den Römertopf® (Desserttopf) gut wässern. Milch aufkochen, Reis darin bei ganz schwacher Hitze 20 Minuten quellen lassen.

2 Eiweiß steif schlagen. Die Butter mit den Eigelben, Zucker und Zimt cremig rühren. Die Äpfel schälen, ohne Kerngehäuse grob raspeln, mit Zitronensaft beträufeln und unter die Butter rühren. Den Reis untermengen, den Eischnee unterheben.

3 Den Römertopf® aus dem Wasser nehmen. Die Hälfte der Reismischung einfüllen, knapp die Hälfte der Amarettini aufstreuen. Den restlichen Reis einfüllen und die restlichen Amarettini aufstreuen.

4 Den Topf zudecken und in den kalten Ofen stellen. Den Auflauf bei 200 °C (Umluft 170 °C, Gas Stufe 3) etwa 35 Minuten garen, dann den Deckel abnehmen und den Auflauf weitere 10 Minuten offen garen. Mit den Preiselbeeren servieren.

Germknödel

- ● klassisch
- ● <500 kcal
- ● vegetarisch
- ● deftig
- ● für Kids
- ● einfach
- ● preiswert
- ● ausgefallen

Zutaten

250 g Mehl · 1/2 Würfel frische
Hefe (20 g) · 1/8 l lauwarme Milch ·
1/2 EL Zucker · 1 frisches Ei · abgeriebene Schale von 1/2 unbehandelten Zitrone · 1 Prise Salz
4 EL Pflaumenmus
75 g Butter · 50 g gemahlener Mohn · 4 TL Puderzucker

Für 4 Personen
Zubereitungszeit: ca. 25 Min.
Ruhezeit: ca. 1 3/4 Std.
Garzeit: ca. 20 Min.
ca. 500 kcal je Portion

1 Mehl in eine Schüssel geben. Eine Mulde hineindrücken. Hefe hineinbröckeln, mit etwas Milch und Mehl verrühren und zugedeckt 15 Minuten gehen lassen. Restliche Milch, Zucker, Ei, Zitronenschale und Salz zugeben. Zum glatten Teig verkneten und zugedeckt an einem warmen Ort etwa 30 Minuten ruhen lassen.

2 Den Teig in 4 Portionen teilen. Zu Kugeln formen, flach drücken und in die Mitte jeweils 1 EL Pflaumenmus geben. Zu Knödeln formen. Die Knödel auf ein leicht bemehltes Brett legen und zugedeckt bei Zimmertemperatur noch etwa 1 Stunde ruhen lassen. Den Römertopf® ausgiebig wässern.

3 Tontopf aus dem Wasser nehmen, nicht abtrocknen. Knödel nebeneinander hineingeben, Topf zudecken und in den kalten Backofen stellen. Knödel bei 200 °C (Umluft 170°C; Gas Stufe 3) etwa 25 Minuten garen.

4 Zum Servieren die Butter in einer Pfanne aufschäumen. Die Germknödel auf tiefe Teller setzen, die Butter darüber verteilen. Mit Mohn und Puderzucker bestreuen.

Walnussäpfel mit Vanillesahne

- klassisch
- **< 500 kcal**
- **vegetarisch**
- deftig
- **für Kids**
- einfach
- **preiswert**
- ausgefallen

Zutaten

40 g Walnusskerne · 20 g dunkle Kuvertüre · 3 EL Zucker · $^1/_2$ TL gemahlene Vanille

4 Äpfel

100 g Sahne

Für 4 Personen
Zubereitungszeit: ca. 15 Min.
Garzeit: ca. 30 Min.
ca. 270 kcal je Portion

1 Zunächst 4 Bratapfel-Römertöpfchen® oder einen großen Römertopf® (Auflauftopf) gründlich wässern.

2 Die Walnusskerne und die Kuvertüre fein hacken. Beides in einem Schälchen mit 2 EL Zucker und $^1/_4$ TL gemahlener Vanille vermischen.

3 Die Äpfel waschen, gründlich abreiben und abtrocknen. Die Kerngehäuse so ausstechen, dass der Boden der Äpfel ganz bleibt. Jeden Apfel dann vorsichtig mit einem kleinen Teelöffel noch etwas weiter aushöhlen, damit ein größeres Loch entsteht.

4 Die Äpfel mit der Walnussmischung füllen. Den oder die Römertöpfe aus dem Wasser nehmen, die Äpfel hineinsetzen.

5 Den oder die Töpfe zudecken und in den kalten Ofen stellen. Die Äpfel bei 200 °C (Umluft 170 °C; Gas Stufe 3) etwa 30 Minuten garen.

6 Zum Servieren die Sahne halbsteif schlagen und mit dem restlichen Zucker und der restlichen Vanille würzen. Die Sahne zu den warmen Äpfeln reichen.

Tipp
Für Bratäpfel mit Kokosfüllung **1 frisches** Eiweiß steif schlagen, da**bei 1 P**rise Salz und 3 EL Zucker einrieseln lassen. 4 EL getrocknete Kokosraspel und 2 EL klein gehackte Rosinen untermischen. 4 ausgehöhlte Äpfel (siehe oben) damit füllen. Die Garzeit bleibt unverändert bei 30 Minuten.

Zutaten

700 g mehlig kochende
Kartoffeln

60 g Mandelblättchen

75 g weiche Butter · 3 frische
Eier (getrennt) · 3 EL flüssiger
Waldhonig · 1 TL Lebkuchen-
gewürz · $\frac{1}{4}$ TL unbehandelte
abgeriebene Zitronenschale

Für 4 Personen
Zubereitungszeit: ca. 50 Min.
Garzeit: ca. 45 Min.
ca. 450 kcal je Portion

Kartoffel-Lebkuchen-Auflauf

1 Die Kartoffeln waschen und ungeschält
in wenig Wasser etwa 30 Minuten garen.
Pellen und noch heiß durch die Presse
drücken, dann etwas abkühlen lassen.

2 Inzwischen den Römertopf® (Auflauftopf)
gründlich wässern. Die Mandelblättchen
in einer beschichteten Pfanne ohne Fettzu-
gabe goldgelb rösten.

3 Die Butter mit den Eigelben, Honig, Leb-
kuchengewürz und Zitronenschale sehr
cremig rühren. Die Kartoffelmasse und den
größten Teil der Mandeln einrühren. Das
Eiweiß steif schlagen und unterheben.

4 Den Römertopf® aus dem Wasser nehmen. Die Kartoffelmasse hineinfüllen
und mit den restlichen Mandelblättchen
bestreuen.

5 Die Form zudecken und in den kalten
Backofen stellen. Den Auflauf bei 200 °C
(Umluft 170 °C, Gas Stufe 3) etwa 30 Minuten backen; dann den Deckel der Form abnehmen und den Auflauf noch etwa 15 Minuten bräunen.

Tipp
Dazu schmeckt eine kalte
Schokoladensauce oder
Schokoladeneis sehr gut.

klassisch ⊖

<500 kcal ⊕

vegetarisch ⊕

deftig ⊖

für Kids ⊕

einfach ⊖

preiswert ⊕

ausgefallen ⊖

Schoko-Pfannkuchen-Lasagne

- klassisch
- <500 kcal
- vegetarisch
- deftig
- für Kids
- einfach
- preiswert
- ausgefallen

Zutaten

4 frische Eier · 160 g Mehl ·
1 Prise Salz · ³/₄ l Milch

Butter zum Backen

1 P. Puddingpulver zum Kochen
(Schokoladen-Geschmack) ·
5 EL Zucker

250 g Magerquark · abgeriebene
Schale von 1 unbehandelten
Orange · 50 g gehackte Mandeln

50 g gehobelte Mandeln

Für 4-6 Personen
Zubereitungszeit: ca. 45 Min.
Garzeit: ca. 40 Min.
ca. 690 kcal je Portion (bei
4 Personen)

1 Den Römertopf® (Auflauftopf) gründlich wässern. 3 Eier, Mehl, Salz und ¹/₄ l Milch zu einem glatten Teig verrühren und diesen etwa 15 Minuten quellen lassen.

2 In einer kleinen beschichteten Pfanne (18–20 cm Ø) etwas Butter zerlassen. Eine kleine Kelle Teig hineingeben und zu einem goldbraunen Pfannkuchen backen. Nach und nach 6–8 Pfannkuchen backen, fertige Pfannkuchen stapeln.

3 Gleichzeitig den Schokoladenpudding mit der restlichen Milch und 4 EL Zucker nach Packungsanleitung kochen. Etwas abkühlen lassen.

4 Den Quark mit dem restlichen Ei, dem restlichen Zucker und der Orangenschale verrühren. Die gehackten Mandeln in einer Pfanne ohne Fett rösten und unterrühren.

5 Den Römertopf® aus dem Wasser nehmen und innen abtrocknen. Abwechselnd Pfannkuchen, Schokoladenpudding und Quarkcreme einschichten, dabei als obere Schicht jeweils etwas Pudding und etwas Creme einfüllen und die Massen ganz leicht vermengen. Die gehobelten Mandeln darüber streuen und den Topf zudecken.

6 Den Topf in den kalten Backofen stellen und den Auflauf zugedeckt bei 200 °C (Umluft 170 °C, Gas Stufe 3) etwa 30 Minuten garen. Den Deckel abnehmen und den Auflauf weitere 10 Minuten garen.

Zutaten

75 g Rosinen

400 ml Milch · 65 g Grieß ·
1 Prise Salz · 4 EL Zucker

30 g Pinienkerne · 30 g Pistazien-
kerne · 1 P. Rumaroma (flüssig
oder mit Zucker vermischtes Gra-
nulat) · 2 frische Eier (getrennt)

4 Orangen · 2 EL Puderzucker ·
4 EL Orangenlikör, nach Belieben
Orangenzesten, nach Belieben

Für 4 Personen
Zubereitungszeit: ca. 30 Min.
Garzeit: ca. 45 Min.
ca. 490 kcal je Portion

Kerniger Rosinenpudding
mit Orangensalat

- klassisch
- **<500 kcal**
- **vegetarisch**
- deftig
- für Kids
- einfach
- preiswert
- **ausgefallen**

1 Den Römertopf® (Auflauftopf) ausgiebig wässern. Die Rosinen in einem Schäl-chen mit heißem Wasser übergießen und quellen lassen.

2 Die Milch aufkochen lassen. Den Grieß einstreuen und unter häufigem Rühren bei ganz schwacher Hitze etwa 10 Minuten quellen lassen. Salz und Zucker unter-rühren, alles etwas abkühlen lassen.

3 Die Pinienkerne in einer beschichteten Pfanne ohne Zugabe von Fett rösten und mit den Pistazienkernen und dem Rumaro-ma unter den Grieß mischen. Die Rosinen abtropfen lassen und dazugeben. Die Ei-gelbe ebenfalls unterrühren, dann das Eiweiß steif schlagen und unterheben.

4 Den Tontopf aus dem Wasser nehmen, die Grießmischung einfüllen. Den Topf zudecken und in den kalten Backofen stel-len. Den Auflauf bei 200 °C (Umluft 170 °C, Gas Stufe 3) etwa 45 Minuten garen.

5 Inzwischen die Orangen schälen und file-tieren, mit Puderzucker und eventuell Orangenlikör vermischen.

6 Zum Servieren den Rosinenpudding auf Teller geben und mit den marinierten Orangen anrichten. Nach Belieben mit Orangenzesten garnieren.

Tipp
Wenn Kinder mitessen, kön-nen Sie auf das Marinieren der Orangen verzichten oder die Orangen mit etwas Ahornsirup beträufeln.

Zwiebackauflauf mit Beerensauce

1 Den Römertopf® (Desserttopf) ausgiebig wässern. Die Äpfel schälen und ohne das Kerngehäuse grob raspeln. Mit Zitronensaft, Apfelwürze, Zucker und Anis in einem kleinen Topf aufkochen lassen, dann vom Herd nehmen.

2 Den Zwieback mit einer Teigrolle oder in der Küchenmaschine zerbröseln. Die Butter in einer Pfanne aufschäumen lassen und die Brösel darin rösten.

3 Die Eier trennen, das Eiweiß steif schlagen. Die Eigelbe cremig rühren, die Apfelmischung und den Zwieback unterrühren. Zuletzt den Eischnee unterheben.

4 Den Römertopf® aus dem Wasser nehmen, die Zwiebackmischung einfüllen. Den Topf zudecken und in den kalten Ofen stellen. Den Auflauf bei 200 °C (Umluft 170 °C; Gas Stufe 3) etwa 40 Minuten garen.

5 Inzwischen TK-Beeren auftauen lassen (z. B. in der Mikrowelle), frische Beeren kurz waschen, putzen und verlesen. Einige Beeren beiseite stellen, die restlichen pürieren, durch ein Sieb streichen und mit 1 EL Zitronensaft und 2 EL Puderzucker verrühren.

6 Zum Servieren den Zwiebackauflauf auf Teller geben, mit der Beerensauce sowie den beiseite gelegten Beeren anrichten und nach Belieben mit dem restlichen Puderzucker bestäuben.

Zutaten

3 kleine Äpfel · 3 EL Zitronensaft ·
1 EL Apfelwürze (Reformhaus) ·
2 EL Zucker ·
$^1/_2$ TL gemahlener Anis

100 g Zwieback · 50 g Butter
2 frische Eier

300 g gemischte TK- oder frische Beeren · 1 EL Zitronensaft ·
3 EL Puderzucker

Für 4 Personen
Zubereitungszeit: ca. 20 Min.
Garzeit: ca. 40 Min.
ca. 390 kcal je Portion

klassisch ⊖
< 500 kcal ⊕
vegetarisch ⊕
deftig ⊖
für Kids ⊕
einfach ⊕
preiswert ⊕
ausgefallen ⊖

Alphabetisches
Rezeptverzeichnis

Rezeptverzeichnis nach Kapiteln

Im FALKEN Verlag sind zahlreiche Titel zum Thema „Essen und Trinken" erschienen.

Sie erhalten sie überall dort, wo es Bücher gibt.

Sie finden uns im Internet: **www.falken.de**

Dieses Buch wurde auf chlorfrei gebleichtem und säurefreiem Papier gedruckt.

Der Text dieses Buches entspricht den Regeln der neuen deutschen Rechtschreibung.

Der Verlag dankt der Firma RÖMERTOPF Keramik GmbH, Ransbach-Baumbach, für die freundliche Unterstützung.

Impressum

Umschlagkonzeption: Martina Eisele, München
Umschlaggestaltung: Digital Design GmbH Borgers, Hünstetten
Layout: Johannes Steil, Wiesbaden
Redaktion: Dirk Katzschmann und Olaf Rappold (red.sign, Stuttgart)
Koordination und Schlussredaktion: Birgit Hinsch (FALKEN Verlag)
Herstellung: Petra Becker (FALKEN Verlag) und red.sign, Stuttgart
Weitere Fotos auf dem Umschlag: Die Bilder auf der Umschlaginnenseite vorne wurden dem FALKEN Verlag freundlicherweise von der Autorin und dem Fotografen zur Verfügung gestellt. **FALKEN Archiv**: **TLC-Fotostudio GmbH**, Velen-Ramsdorf: Umschlagklappe, hinten, innen, li. o., li. M. und li. u. sowie re. o., re. M. und re. u.

Rezeptfotos: Martin Krapohl, Düsseldorf
Weitere Fotos im Innenteil: Firma RÖMERTOPF Keramik GmbH: Seite 5, 6 und 7

Satz: red.sign, Stuttgart
Druck: Druckhaus Cramer, Greven

817 2635 4453 6271

ISBN 3 8068 2673 0

© 2000 by FALKEN Verlag, 65527 Niedernhausen/Ts.